Barock
und Rokoko

Herausgeber: Rolf Toman
Text: Barbara Borngässer
Fotografien: Achim Bednorz

Feierabend

Inhalt

Voranstehende Doppelseite:
Régnaudin, Ceres- oder Sommerbrunnen im Schlossgarten von Versailles, 1672–79

Einführung von Rolf Toman

»Theatrum mundi«

Niemand hat das Lebensgefühl des Barock treffender charakterisiert als der spanische Dichter Calderón de la Barca. In seinem allegorischen Schauspiel »El Gran Theatro del Mundo« (»Das große Welttheater«), aufgeführt erstmals 1645, übertrug er den antiken Topos vom »Leben als Spiel« auf seine eigene Zeit: Vor Gottvater und seinem himmlischen Hofstaat agieren die Menschen als Schauspieler; das Stück, das sie spielen, ist ihr eigenes Leben, ihre Bühne ist die Welt.

Die Metapher vom »Welttheater« durchzieht das gesamte Barockzeitalter, die Epoche zwischen dem ausgehenden 16. und dem späten 18. Jahrhundert. Sie ist geprägt von krassen Widersprüchen, die sich vor und hinter dem Vorhang auftun. Sein und Schein, Pomp und Askese, Macht und Ohnmacht sind die antagonistischen Konstanten der Zeit. In einer von sozialen Konflikten, Kriegen und Religionskämpfen erschütterten Welt lieferte das gigantische Schauspiel einen gewissen Halt; die Selbstinszenierung des barocken Herrschers, sei er Papst oder König, war zugleich politisches Programm. Das Zeremoniell, die Regieanweisung in diesem »Welttheater«, wurde zum Spiegel einer höheren, vermeintlich gottgegebenen Ordnung.

Die Künste, die bildenden wie die darstellenden, spielten eine Doppelrolle: Sie dienten zur Beeindruckung, ja »Blendung« der Untertanen und gleichzeitig zum »Transport« ideologischer Inhalte. Sie bildeten die Kulissen des Theaters und schufen die Illusion einer perfekt geordneten Welt. Nichts kann dies besser veranschaulichen als die perspektivischen Deckenmalereien in Kirchen und Palästen: In ihnen öffnet sich der Scheinraum über dem realen Raum und gewährt Einblick in die himmlischen Sphären (s. Abbn. S. 6 und S. 12).

Es gelang jedoch nicht immer, von den Widernissen des Alltags abzulenken; so hat die Kunst des Barockzeitalters oft verwirrende Erscheinungsformen. Ausufernder materieller Prachtenfaltung steht ein tiefer Glaubensernst gegenüber, ungehemmter diesseitiger Sinnenfreude das Wissen um den unausweichlichen Tod. Im Barockzeitalter wird das Motto »Memento mori«, »Gedenke des Todes«, zum Leitmotiv einer aufgewühlten, von Existenzängsten bedrängten Gesellschaft (s. hierzu S. 202/03). Nicht zufällig versteckt sich in den üppigen Stillleben der Zeit oft der Hinweis auf die Vergänglichkeit, etwa durch einen Wurm, eine faule Beere oder ein angebissenes Stück Brot.

Barocke Kunst wendet sich immer zuerst an die Sinne des Betrachters: Ihr theatralisches Pathos, ihr Illusionismus, die Dynamik ihrer Formen wollen beeindrucken, überreden, zur inneren Bewegung anregen. Dies erklärt, dass sie oft als exaltiert, effekthascherisch, ja »schwülstig« empfunden wird. Bereits der italienische Schriftsteller Francesco Milizia sah gegen Ende des 18. Jahrhunderts in der barocken

S. 6: **Peter Thumb (Architektur), Johann Anton Feuchtmayer (Stuck),** Birnau, Unsere Liebe Frau, 1745–51, Innenraum

Nikolaus von Pacassi
Hoftheater im Schloss Schönbrunn in Wien, 1741–49

Francisco de Hurtado Izquierdo, Sagrario der Kartause von Granada, 1702–20

S. 9: **Vieux-Laque-Zimmer im Schloss Schönbrunn in Wien,** um 1770

Architektur, etwa im Werk Borrominis, den »Superlativ des Bizarren, den Exzess des Lächerlichen«. Auch im 20. Jahrhundert stand man den Äußerungen des Barockzeitalters kritisch gegenüber; so beklagte etwa der italienische Philosoph Benedetto Croce in den 20er Jahren den Mangel an »Substanz«, Barock sei »ein Spiel ... ein Haschen nach Mitteln, um Verblüffung zu erzeugen. Infolge seines Charakters erscheint der Barock ... letzten Endes, trotz seiner oberflächlichen Bewegtheit und Wärme, eben doch kalt; trotz seines Reichtums an Bildern und deren Kombination hinterläßt er das Gefühl der Leere.« Diese Vorbehalte gegenüber dem Barock lassen sich auch an der Entwicklung des Barockbegriffs ablesen. Bevor dieser sich im späten 19. Jahrhundert als Stilbegriff hat durchsetzen können, hatte er als Adjektiv im abwertenden Sinne von »skurril«, »bizarr«, »überladen«, »unklar«, »verworren«, »künstlich« und »verkünstelt« reichlich Verwendung gefunden. Viele dieser Vorbehalte sind noch immer spürbar. Möglicherweise aber findet unsere heutige, »oberflächlichen« Reizen wieder aufgeschlossene Zeit einen neuen Zugang zu dieser so facettenreichen Epoche.

Pathos und Pomp

In seinem Buch »Holländische Kultur im siebzehnten Jahrhundert« umreißt der niederländische Historiker Johan Huizinga ein prägnantes kulturelles Schema des Barock: »Pracht und Würde, die theatralische Geste, die strenge Regel und das geschlossene Lehrsystem herrschen; gehorsame Ehrfurcht vor Kirche und Staat ist das Ideal. Die Monarchie wird als Staatsform vergöttlicht; zugleich huldigen die Staaten, jeder für sich, der Grundlage eines unbeschränkten nationalen Egoismus und der Autonomie. Das gesamte öffentliche Leben bewegt sich in den Formen einer hochtrabenden Eloquenz, die für vollkommenen Ernst genommen sein will. Prunk und Parade feiern mit pompöser Förmlichkeit ihre hohe Zeit. Der erneuerte Glaube drückt sich plastisch aus in laut schallenden triumphierenden Darstellungen: Rubens, die spanischen Maler, Bernini.« Huizinga nutzt dieses Schema als Kontrastfolie, um vor ihm die nur »beschränkt ähnlichen« Züge der holländischen Kultur zu entwickeln: »Weder der strenge Stil noch die große Geste und die majestätische Würde sind für dieses Land charakteristisch.« Es mangelt ihm also ganz und gar am Theatralischen, einer wesentlichen Eigenschaft des Barock und einer zentralen Kategorie, die viele Erscheinungsformen barocker Kunst überhaupt verständlich macht.

Als Beispiel für den engen Zusammenhang von Theatralik, Repräsentationsbedürfnis und zu diesem Zweck entwickelter Festkultur mit entsprechenden Formen der Architektur sei hier nur auf die für den Barock so wichtigen Schlösser und Stadtpaläste und insbesondere auf deren aufwändige Treppenanlagen verwiesen. Treppenanlagen sind hervorragend geeignete Bühnen für gesellschaftliche Auftritte und Abgänge.

S. 10 oben links: **Balthasar Permoser,** Hermenpilaster am Wallpavillon des Dresdner Zwingers, 1716

S. 10: **Matthäus Daniel Pöppelmann und Balthasar Permoser,** Dresden, Zwinger, Detail des Kronentors, 1713

Oben: **Balthasar Neumann,** Brühl. Schloss Augustusburg, Treppenhaus, 1741–44

War das höfische Leben auf der einen Seite durch ein strenges Zeremoniell reglementiert, so bot das Festwesen auf der anderen Seite ein Ventil für Ausgelassenheit, das allerdings auch einer festgelegten Choreographie unterlag. Keine Epoche hat rauschendere Feste gefeiert als das Barockzeitalter. Versailles gab vor, was an allen Höfen Europas nachgeahmt wurde: tage- und nächtelange Feierlichkeiten, in der alle Künste zu einem gigantischen Gesamtkunstwerk miteinander verschmolzen, Oper, Ballett und Feuerwerk erlebten einen glanzvollen Aufschwung. Ideale Kulisse waren die mit mythologischen Bildern dekorierten Festsäle, die Garten- und Wasseranlagen, die mit Hilfe illusionistischer und mechanischer Tricks sich in immer neue Schauplätze verwandelten. Für einige Tage schlüpfte der gesamte Hofstaat in die Welt der Götter und Heroen. Dass diese Spektakel – wie die gesamte Hofkultur – die Staatsfinanzen ruinierten, steht auf einem anderen Blatt.

Gefeiert wurde jedoch auch auf der Straße. Anlässlich öffentlicher Staatsakte, Heiligenfeste, Prozessionen und Jahrmärkte schmückten sich die sonst bedrückenden Städte mit ephemeren Holzarchitekturen und üppigem dekorativem Beiwerk. Auch hier wurde Theater gespielt: Komödianten trieben ihre derben Späße und beleuchteten die Gegenwelt der höfischen Gesellschaft.

Andrea Pozzo, Apotheose des Herkules, 1704–07, Deckenfresko im Gartenpalais Liechtenstein, Wien

Martin von Meytens, Einzug der Prinzessin Isabella von Parma in Wien, 1760; Wien, Schloss Schönbrunn

Carlo Carlone (Architektur) und Antonio Beduzzi (Quadraturmalerei), Festsaal im Schloss Hetzendorf in Wien, Mitte 18. Jh.

Rhetorik und »Concettismo«

Die eingangs erwähnte – vermeintliche – Zügellosigkeit barocker Kunst darf nicht darüber hinwegtäuschen, dass gerade sie überaus strengen Schemen unterworfen war. Wie das Zeremoniell das Verhalten der Menschen untereinander beeinflusste, so bestimmte die Rhetorik den Aufbau einer Rede oder eines Kunstwerks. Der seit der Antike bekannte Begriff bezeichnet die »Kunst der angemessenen Rede«, eine Strategie, die von der Antike bis zum ausgehenden 18. Jahrhundert zur Allgemeinbildung gehörte. Die Rhetorik stellt eine Art Leitfaden für die Kommunikation von Redner und Zuhörer dar und regelt Rezeption und Interpretation des Gesagten.

Auch die Architektur unterlag den Regeln der Rhetorik: Es war beispielsweise genau festgelegt, welche Säulenordnung welchem Zweck angemessen war, mit welchen baulichen »Pathosformeln« ein Kirchenraum, eine Schlossfassade, eine Platzanlage gestaltet werden durften. So war etwa die schwere, gedrungene dorische Ordnung Kirchen zugedacht, die männlichen Heiligen gewidmet waren, aber auch Palästen von Kriegshelden. Häuser von Gelehrten trugen dagegen ionisches Dekor. Die Kolossalordnung, die Verklammerung mehrerer Geschosse durch eine Säulenstellung, galt seit Michel- an-

Pedro de Mena, S. Pedro de Alcántara, 1633, farbig gefasstes Holz, Höhe 78 cm, Valladolid, Museo Nacional de Escultura

Carlo Maderno, Rom, St. Peter, 1607–12, Fassadenausschnitt mit Kolossalordnung: Die Säulen verklammern mehrere Geschosse.

gelo als höchste Nobilitierung (Abb. oben). Im Schlossbau spielt die szenographische Disposition eine wesentliche Rolle. Wie auf der Zeremonialtreppe erschließt sich der Bau in der Annäherung und im Durchschreiten, auch hier gibt – beispielsweise in der Raum- und Hofabfolge von Versailles – die Architektur die Regieanweisung: Wie in einer guten Rede wird der Rezipient von einer Erfahrung zur nächsten geführt. Wie die Disposition der Innenräume der hierarchischen Strukturierung des Hoflebens dient, so wendet sich der Außenbau an die Öffentlichkeit, die es zu beeindrucken oder einzuschüchtern gilt.

Die hier beschriebene bewusste Inszenierung von Kunst setzt ein wohl durchdachtes Konzept voraus, das nur von Gelehrten erstellt werden konnte. So zogen die geistlichen wie weltlichen Fürsten, zuweilen auch die Künstler selbst, Dichter, Hofleute, oft auch Geistliche heran, die für ein Sujet die »Invention«, die inhaltliche Vorgabe lieferten. Diese intellektuelle Leistung galt als wesentlicher Teil des Kunstwerks. Der Künstler selbst war nur im Idealfall in der Lage, selber *concetti* zu erarbeiten, hob sich damit aber, wenn er es vermochte, um so mehr aus dem Stand eines Handwerkers heraus. Hermann Bauer charakterisiert den *concettismo* als »Transformation eines Gedankens durch verschiedene Bereiche hindurch«, als »Weg vom Gegenstand zu seiner Bedeutung (in der Metapher)«, ein »konstituitives« Element des barocken Kunstwerks.

Die »Letzten Dinge«

Kehren wir zurück zu Calderóns »Welttheater«. Im Verlauf des Stücks überreicht »die Welt« jedem Spieler, ob König oder Bettler, die Requisiten seines Standes. Der Spieler betritt die Bühne durch eine Tür, »die Wiege«, und verlässt sie durch eine zweite, »das Grab«. Dies ist der Moment, in dem den »Schauspielern« ihre »Insignien« wieder abgenommen werden und sie erkennen, ob sie ihre Rolle erfüllt haben oder nicht.

Wenn der Vorhang gefallen ist, bleiben nur noch die »Vier letzten Dinge«, Tod, Gericht, Himmel und Hölle. Ihre allegorische Ausdeutung hat das gesamte Barockzeitalter beschäftigt und den *concetto* für die bewegendsten Kunstwerke geliefert, wofür Peredas Traumbild ein Beispiel vor Augen führt (Abb. unten).

Antonio de Pereda,
Der Traum des Kavaliers, ca. 1650,
Öl auf Leinwand, 152 x 217 cm, Madrid,
Museo de la Real Academia de San Fernando

Die Architektur des Barock

Die Architektur des Barockzeitalters stand im Dienste geistlicher und weltlicher Macht. Sinnlich und intellektuell zugleich, übernahm sie es – im Verein mit den anderen Künsten – den Menschen zu beeindrucken, zu bewegen und von der inneren Ordnung der Dinge zu überzeugen.

Der Zwang des höfischen Zeremoniells, das Bedürfnis nach herrschaftlicher Repräsentation, die Lust an theatralischer Inszenierung oder schlicht das Verlangen nach Monumentalität forderte einer Reihe traditioneller Bauaufgaben Höchstleistungen ab: So erlebte das Schloss mit seinen abgestuften Raumfolgen, dem repräsentativen Treppenhaus, dem Theater und der Hofkapelle eine vollkommene Neukonzeption. Die Aufgabe des Festungscharakters zog die Öffnung gegenüber der Natur nach sich, mit der meist hufeisenförmigen Anlage *entre cour et jardin,* zwischen Hof und Garten, entstand ein neuer, in die Umgebung ausgreifender Typus (Abb. rechts). Die axial ausgerichteten Parkalleen lieferten Impulse für die Stadtplanung, die sich bis ins 19. Jahrhundert hinein an feudalistischen Vorgaben orientierte.

Wie anfänglich im Profanbau bediente man sich auch im Sakralbau bewährter Modelle: So beruht die vom Barock bevorzugte Kreuzkuppelkirche auf Vorstellungen der Gegenreformation und des Tridentinischen Konzils (1545–63), die einen einheitlichen Predigtraum mit unverstellter Sicht auf den Hochaltar forderten – in der Wandpfeilerkirche des Gesù in Rom (beg. 1568) hatten diese Gestalt angenommen. Hundertfach kopiert und variiert, blieb der Gründungsbau der Jesuiten bis ins 18. Jahrhundert typologisch vorbildlich. Eine Steigerung ins Grandiose erfuhren die Klosteranlagen, die sich im Stiftsbau des Spätbarock weltlichen Residenzen anglichen (Abb. links). Einmal mehr verband sich hier die Kunst zu bauen mit der »Kunst zu herrschen« (Pierre Lemoyne, 1665).

Caspar Moosbrugger, Weingarten, Innenansicht der Klosterkirche, 1715–20

Rechts: **Jules Hardouin-Mansart,** Versailles, Säulenhalle des Grand Trianon, 1687/88

CASTLE HOWARD
BLENHEIM PALACE
LONDON
GREENWICH
HAARLEM
AMSTERD
LEYDEN
DEN HAAG
UTRECHT
RIJSWIJK
ANTWERPEN
GENT
SAINT-AMAND-LES-EAUX
LÖWEN
VALLOIRES
CAMBRAI
ASFELD
SAINT-THÉGONNEC
GUIMILIAU
SIZUN
PLEYBEN
RENNES
PARIS
VERSAILLES
NANCY
STRASSBU
EBERSMÜNST
BORDEAUX
CARPENTRAS
AIX-EN-PROVENCE
NIZ
SANTIAGO DE COMPOSTELA
LUGO
BRAGA
GUIMARÃES
PORTO
LAMEGO
VISEU
SALAMANCA
LA GRANJA
EL PAULAR
ZARAGOZA
COLLIOURE
BARCELONA
MADRID
ARANJUEZ
MAFRA
QUELUZ
LISSABON
VALENCIA
CORDOBA
SEVILLA
JAÉN
MURCIA
ESTEPA
GUADIX
JÉREZ DE LA FRONTERA
GRANADA
CADIX
MALAGA

Die Standorte der wichtigsten Baudenkmäler des Barock

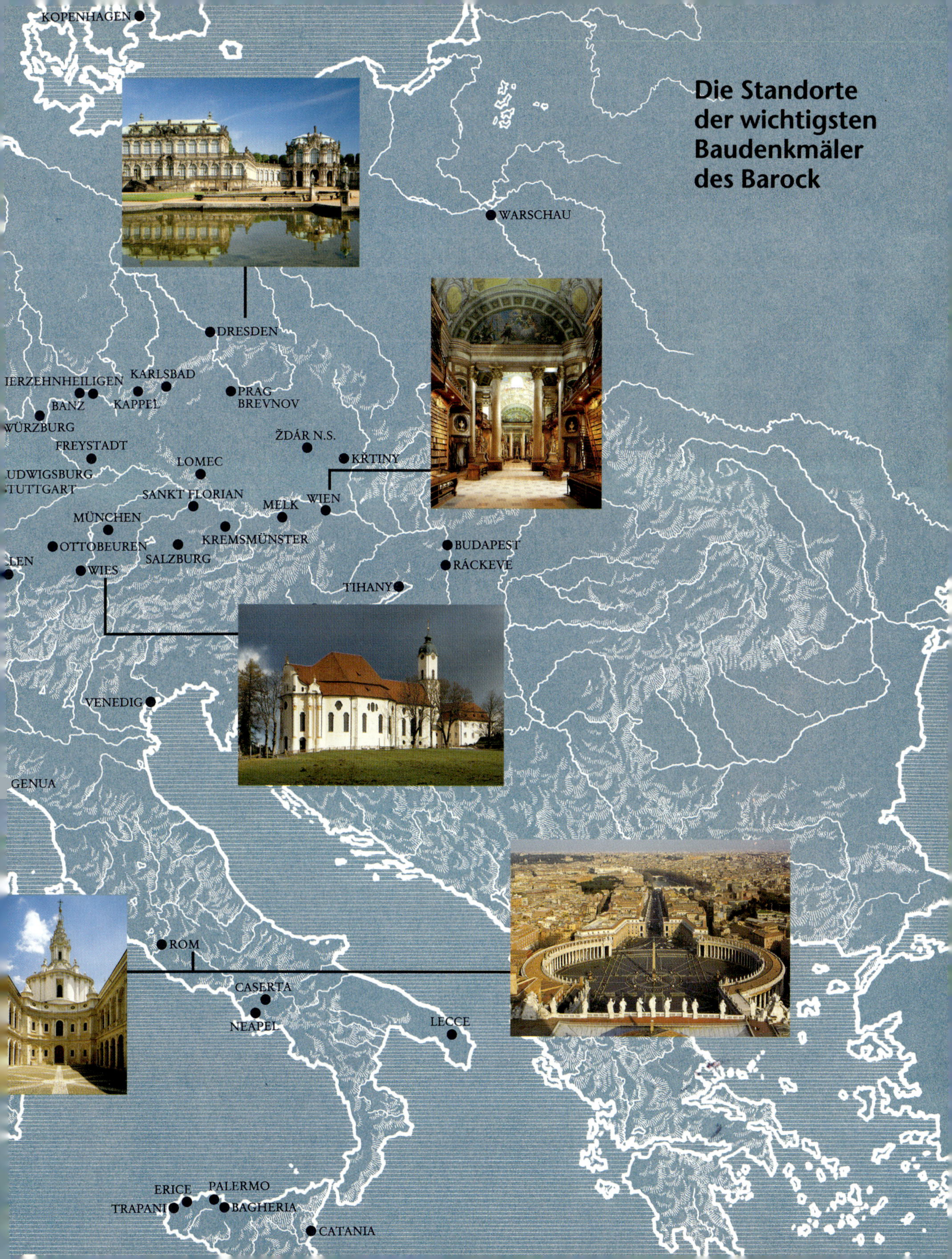

Stadtbaukunst

Die Idee, das Wachsen einer Siedlung zu kontrollieren und zu steuern, entstammt der Antike. Die Suche nach einem rationalen Plan oder einer Idealstadt mag durch topographische, strategische, kultische oder weltanschauliche Gründe bedingt gewesen sein, jedenfalls entschloss man sich in zahlreichen Kulturen zum Bau regelmäßiger Straßensysteme. Als Meilenstein der Urbanistik gilt das Rasterschema des Hippodamos von Milet, der dem Wiederaufbau seiner von den Persern zerstörten Heimatstadt um 479 v. Chr. einen orthogonalen Grundriss verlieh. Über die griechischen Kolonien verbreitete dieser sich nach Süditalien und in die römische Welt. Vitruv schließlich war es, der die Konzepte planerischen Bauens der Nachwelt überlieferte. Während das Mittelalter zu eher praktisch-variablen Lösungen tendierte, erlebte der antike Städtebau mit der Renaissance ein fulminantes Comeback. Die Schriften des Leone Battista Alberti, vor allem seine »De re aedificatoria Libri X«, wiesen der neuzeitlichen Stadtplanung ihren Weg. Allerdings ging es dem Humanisten wie seinem geistigen Vater Vitruv nicht allein um *Stadtplanung;* er erörterte vielmehr den *Städtebau* samt all seinen ästhetischen, funktionalen und sozialen Komponenten.
Die gesellschaftlichen Utopien der frühen Neuzeit und der Wunsch nach übersichtlichen Strukturen ließen eine Reihe idealer Stadtentwürfe entstehen, unter denen der Grundriss der sternförmigen Festung Palmanova bei Udine (1593) der bekannteste ist. Welche Rolle die Gründungen in der Neuen Welt in diesem Zusammenhang spielten, ist bislang kaum hinreichend untersucht. Die Festungen, Missionen und Stadtanlagen in den Kolonien boten jedenfalls ein ideales Experimentierfeld, da man ohne Rücksicht auf historische Strukturen, quasi *ex nihilo,* zu agieren vermochte. Die *renovatio Romae,* die Erneuerung des mittelalterlichen Rom, des Haupts der

Rom, Piazza del Popolo mit dem Obelisken und den Kirchen S. Maria in Monsanto und S. Maria dei Miracoli um Mitte 18. Jh., Stich von Giovanni Battista Piranesi

Welt, stand jedoch spätestens seit Julius II. und Leo X. im Zentrum aller urbanistischen Anstrengungen. Sie fand unter Sixtus V. ihre durchgreifende, barocke Umsetzung. 1585 gab der Papst seinem Architekten Domenico Fontana ein Projekt in Auftrag, das der Ewigen Stadt ein geistlich geprägtes Antlitz verleihen sollte. Sein grandioses neuartiges Konzept verband die religiösen Brennpunkte der Stadt, die sieben frühchristlichen Basiliken, durch gerade, breite Prozessionswege, die sich gleichzeitig strahlenförmig in das Umland ausdehnten (Abb. links). Freiräume, Straßen und Fassadenfluchten, ferner Monumente wie Obelisken und Brunnen dienten dazu, Blickachsen zu schaffen und die heterogene Bausubstanz optisch zusammenzuführen. Ein signifikantes Beispiel solcher Inszenierung liefert die Piazza del Popolo, Haupttor der Stadt und Spitze des »Dreistrahls« aus Via di Ripetta, Via del Corso und Via del Babuino: Sixtus V. akzentuierte diesen städtischen Knotenpunkt durch die Versetzung eines ägyptischen Obelisken. Im 17. Jahrhundert vervollkommnete man den Prospekt durch die Errich-

Rom im 16. Jh. mit der Stadtanlage des Papstes Sixtus V., Fresko, Rom, Vatikanische Museen

Rom, Blick auf den Petersplatz mit der Peterskirche und dem Vatikanspalast

tung der beiden Kuppelkirchen S. Maria in Monsanto und S. Maria dei Miracoli, die als Kopfbauten der Straßenfluchten fungieren (Abb. S. 20 oben).
Den Höhepunkt barocker Stadtbaukunst in Rom bildet zweifelsohne der Petersplatz. Bernini gelang es, trotz einengender Vorgaben, einen urbanen Raum zu schaffen, der alle an diesen gestellten Erwartungen übertraf. Der endgültige Entwurf von 1657 basierte auf einem sich theatralisch steigernden Doppelplatz, hinter dem die Fassade von St. Peter mit der Benediktionsloggia kulissenartig aufragt (Abb. oben; s. auch S. 26/27). Die vordere, querovale *piazza obliqua* mit ihren dorischen Kolonnaden empfängt den Pilgerstrom, so, wie die Kirche mit geöffneten Armen die Gläubigen aufnimmt. Nach St. Peter hin verengt sich der Schauplatz zu der trapezförmigen *piazza retta,* deren Terrain sanft ansteigt und Madernos Fassade einen angemessenen »Sockel« bietet. Nabel der Anlage ist der 1586 hierher versetzte Obelisk, der in der Verlängerung des Mittelschiffs von St. Peter aufragt. Die Querachse betonen Brunnen und Risalite der Kolonnaden.

Von den zahlreichen weiteren Barockplätzen Roms seien schließlich die Piazza Navona (Umgestaltung 1644–50) sowie die Piazza S. Ignazio (1726–28) erwähnt, die bis heute nichts von ihrer suggestiven Wirkung eingebüßt haben. Auch die Spanische Treppe ebenso wie die Fontana di Trevi sind Gesamtkunstwerke im städtischen Raum.
In Turin, der Hauptstadt Savoyens, erwog man bereits im späten 16. Jahrhundert, das rechtwinklige System des römischen *castrum* einer modernen Stadterweiterung zugrunde zu legen; ersten Plänen von Ascanio Vitozzi folgte im 17. Jahrhundert die Ausführung durch Carlo und Amedeo di Castellamonte. Ein

Turin, Plan der Stadt vom Beginn des 18. Jh., Turin, Archivio di Stato

systematisches Straßennetz, die geometrische Anlage von Achsen und Plätzen, schließlich eine weitblickende Gesetzgebung, die auf einheitliche Straßenfronten abzielte, ließen Turin zur modernsten Stadt Europas werden (Abb. S. 21 unten; s. auch S. 44). Die Impulse, die von der Erneuerung Roms ausgingen, wurden überall empfangen, gleichwohl unterschiedlich verarbeitet. Im Paris Heinrichs IV. wurde die *place royale* zum Inbegriff barocker Stadtbaukunst. Im Gegensatz zu Rom stand sie nicht in Diensten der Kirche, sondern deutlich in denen des Absolutismus: Der von einheitlich gestalteten Wohnhäusern umgebene Platz, sei er dreieckig wie die Place Dauphine, viereckig wie die Place des Vosges oder rund wie die unter Ludwig XIV. angelegte Place des Victoires, war stets ausgerichtet auf das Standbild des Königs, welches gleichzeitig das Achsensystem der gesamten Stadt dominierte (s. auch S. 70/71). Der Herrscher, der zuvor über Festungen, Schlösser und Ländereien gebot, bemächtigt sich nun in nie gekanntem Ausmaß des gesamten Stadtorganismus.
Die Place Royale ist jedoch weit mehr als ein monumentales Zeugnis königlicher Macht: Sie verkörperte vielmehr die Fürsorge des Souveräns um seine Stadt und seine Untertanen, seinen Willen, in die Entwicklung eines Gemeinwesens ordnend einzugreifen. Das Konzept machte europaweit Schule: Zwischen Madrid, London und Kopenhagen erlebte der »Königsplatz« vielfache Ausgestaltung.
Die Place de France im Marais, am nördlichen Stadtrand des frühbarocken Paris, ist dagegen eher symbolisch zu verstehen: Das Projekt zu ihrer Errichtung, das in einem Stich überliefert ist, wurde vermutlich von Claude Chastillon zu Beginn des 17. Jahrhunderts entwickelt (Abb. Mitte). Seine Ausführung unterblieb jedoch, als Heinrich IV. 1610 ermordet wurde. Dennoch markiert der Entwurf einen wichtigen Schritt innerhalb der neuzeitlichen Stadtbaukunst. Die sternförmige Konzeption, die hier erstmals in großem Maßstab durchgespielt wird, enthält deutliche Verweise auf die Struktur des Reiches: Hinter einem neu geöffneten Stadttor – üblicherweise nutzte man die antiken oder mittelalterlichen Zugänge – öffnet sich nun in großer Geste das Polygon der Place de France. Acht Straßen, die die Namen französischer Provinzen tragen, gehen radial von ihr aus und erschließen die Innenstadt bis hin zu den Ufern der Seine – anschaulicher hätte das Verhältnis zwischen Hauptstadt und Reich kaum skizziert werden können.
Das Verhältnis zwischen dem französischen Hof und der Stadt sollte sich in der zweiten Hälfte des 17. Jahrhunderts grundlegend wandeln. In dem Augenblick, 1677/78, als Ludwig XIV. Paris den Rücken kehrte und die Verlegung der Residenz in den »Vorort« Versailles verfügte, wandelte sich auch die urbanistische Perspektive: Hatten die Könige zuvor ihre Hauptstadt von innen heraus geprägt und städtische Brenn-

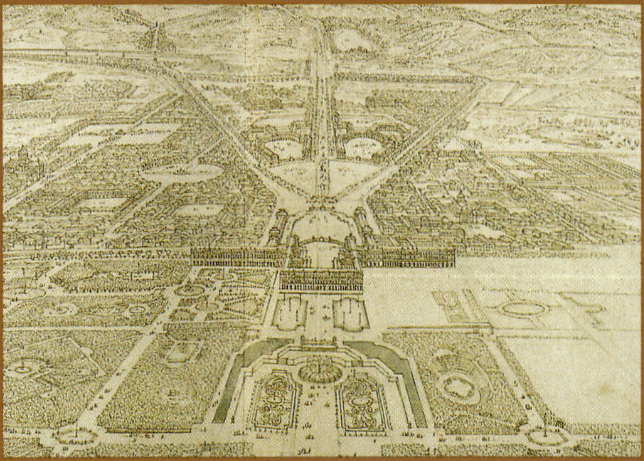

Versailles, Schloss und Gartenanlagen, Stich nach Israel Silvestre, Ende 17. Jh.

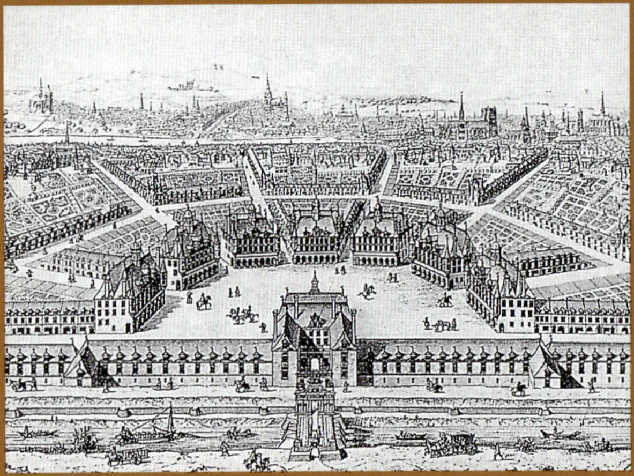

Oben: **Paris, Place de France,** Entwurf von Claude Chastillon(?), Anfang 17. Jh.

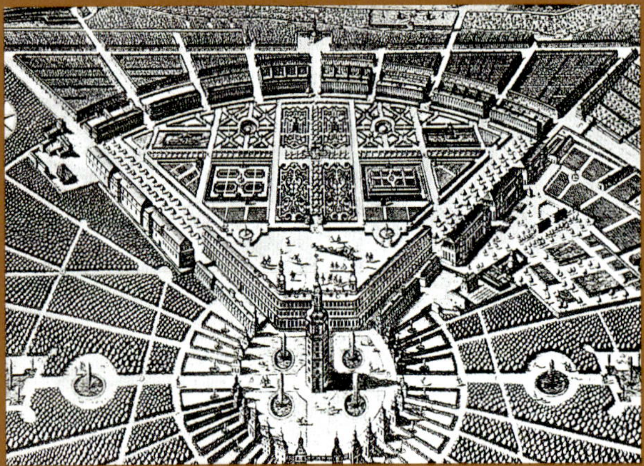

Unten: **Schloss und Stadt Karlsruhe** in einem Stich von 1739

Lissabon, Praça do Cómercio, ab 1759

punkte »besetzt«, so erwuchs die Planstadt Versailles allein unter den Augen Ludwigs XIV. (Abb. S. 22 oben). Der königliche Blick aus dem Schlafzimmer begründete den ausstrahlenden Verlauf der Alleen, ja den gesamten Aufbau der Hofstadt einschließlich der weitläufigen Gartenanlagen. Die enge städtebauliche Verknüpfung von Schloss, Park und Stadt – wohlgemerkt in dieser Reihenfolge – prägte viele spätbarocke Residenzstädte, darunter Mannheim, Stuttgart und Karlsruhe (Abb. S. 22 unten).
Im Zeichen des Merkantilismus erfuhr die absolutistische Stadtstruktur eine Umdeutung: In Lissabon, das nach dem verheerenden Erdbeben von 1755 eine neue *Cidade baixa,* Unterstadt, erhielt, vertraute man dem bewährten Rasterschema, ersetzte das Territorium des zerstörten Königsschlosses jedoch durch die Praça do Cómercio, den Handelsplatz mit den angrenzenden Verwaltungsgebäuden (Abb. oben).

Der seit der Antike gerühmte englische Badeort Bath ist dagegen ein Musterbeispiel für die Überlagerung verschiedenartiger Vorbilder: In den drei monumentalen Platzanlagen, dem quadratischen Queen's Square, dem runden Circus und dem halbmondförmigen Royal Crescent (s. Abb. S. 103) verbinden sich die Grundzüge der Pariser Königsplätze mit der Berufung auf Rom und der Einbindung in die Natur.
Ein abschließender Blick sei auf den barocken Festungsbau geworfen, der ganz im Zeichen des Franzosen Sébastien le Prestre Marquis de Vauban (1634–1707) steht. Als Feldherr, Ingenieur, Stadtplaner und Theoretiker prägte er wie kein Zweiter die Wehrarchitektur seiner Zeit; seine Lehre von den drei Befestigungstypen gehörte zu den Grundlagen militärischen Wissens. Er selbst errichtete 33 Befestigungen und Planstädte, darunter 1699 Neubreisach (Neuf-Brisach) als Rasteranlage innerhalb eines dreifachen sternförmigen Bastionensystems (Abb. links). 411 weitere Projekte von seiner Hand sind in den Archiven ganz Europas überliefert.

Neubreisach (Neuf-Brisach), Reliefplan, Paris, Musée des Plans-Reliefs, 1706. Neubreisach wurde von dem berühmten Festungsbaumeister Sébastien Le Prestre Marquis de Vauban unter modernsten militärischen Aspekten konzipiert.

Italien

Die Wende vom Manierismus hin zum Barock vollzog sich in Rom, und es waren jahrzehntelang römische Künstler, die den neuen, sensualistischen Baustil in die Welt trugen. Erst im späteren 17. Jahrhundert bildeten sich regionale Sonderformen aus – im Piemont, in Venedig und im damals spanischen Süditalien.

Treibende Kraft der künstlerischen Erneuerung waren, wie bereits zu Zeiten Raffaels, Bramantes und Michelangelos, der Vatikan und der ihn umgebende Hofstaat. Doch erst die Gegenreformation schuf die ideologischen Voraussetzungen für einen tief greifenden Umschwung. So nutzten die Jesuiten das rhetorische Pathos barocker Kunst, um Glaubensinhalte zu vermitteln. Mit seinem einheitlichen Predigtraum und seiner kraftvollen Fassade wurde ihr erster Kirchenbau, Il Gesù in Rom, zur Inkunabel barocker Architektur (Abb. S. 25 unten).

Rom

Dem Selbstdarstellungsdrang der Kirche und dem persönlichen Ehrgeiz der Päpste verdankt Rom sein einzigartiges Stadtbild: Sixtus V., Paul V. und Urban VIII. bestimmten, zum Teil auf die Planungen ihrer Vorgänger zurückgreifend, die großen städtebaulichen Achsen, durchbrachen die mittelalterliche Bebauung und schmückten die neuen Prachtstraßen mit Brunnen und Obelisken. In den großartig komponierten Platzanlagen verbanden sich Architektur und Skulptur zu barocken Gesamtkunstwerken. Unzählige Kirchen wurden zwischen dem 16. und dem 18. Jahrhundert neu begonnen oder grundlegend umgestaltet. Dem Gläubigen sollte mit allen künstlerischen Mitteln die Einzigartigkeit der *urbs* sinnlich nahe gebracht werden. Doch auch der Palastbau erhielt neue Impulse – dank des Repräsentations- und Komfortbedürfnisses der Päpste und der Aristokratie.

Nur die besten Künstler wurden für die Erneuerung der Stadt verpflichtet: Carlo Maderno, Gianlorenzo Bernini, Francesco Borromini, Pietro da Cortona, Carlo Rainaldi, Carlo Fontana und andere ließen die Ewige Stadt einmal mehr zum Brennpunkt der Baukunst werden.

Carlo Maderno, Rom, S. Susanna, Fassade, 1597–1603

Oben: **Carlo Maderno,** Rom, St. Peter, Fassade, 1607–12

Rechts: **Giacomo Barozzi da Vignola und Giacomo della Porta,** Rom, Il Gesù, 1568–84

Carlo Maderno

Der 1556 am Luganer See geborene Architekt und Ingenieur gilt als Begründer des römischen Frühbarock. Mit der Fassade von S. Susanna (1603; Abb. S. 24) vervollkommnete er die neue plastische und dynamische Architektursprache, die im Gesù ihren Anfang genommen hatte. 1603 wurde Maderno zum Baumeister von St. Peter ernannt. In dieser Position musste er dem als Zentralbau begonnenen Petersdom Langhaus, Vorhalle und Fassade voranstellen und damit mit Michelangelos Intentionen konkurrieren. Zwischen 1607 und 1612 entstand so die durch eine Kolossalordnung kraftvoll gegliederte Fassade mit der Benediktionsloggia in ihrem Zentrum.

Gianlorenzo Bernini

»Du bist geschaffen für Rom, und Rom ist geschaffen für dich« – diese prophetischen Worte soll bereits Maffeo Barberini, der spätere Papst Urban VIII., zum jungen Bernini gesprochen haben. In der Tat verbrachte der 1598 in Neapel geborene Künstler sein Leben fast ausschließlich in Rom, wo er vor allem im Auftrag der Päpste seine plastisch-architektonischen Meisterwerke vollbrachte. Der Sohn eines Bildhauers war 1605/06 an den Tiber gekommen und zunächst in den Dienst der Familie Borghese getreten. Nur ein einziges Mal verließ er die Stadt für längere Zeit, um für Ludwig XIV. Pläne zum Neubau des Louvre zu erarbeiten (s. S. 78).

Berninis Karriere als Baumeister begann mit dem Pontifikat Urbans VIII., der dem bis zu diesem Zeitpunkt architektonisch unerfahrenen Künstler den Umbau von S. Bibiana anvertraute. 1629, nach Madernos Tod, übernahm Bernini die Bauleitung des 1626 neu geweihten Petersdoms sowie die Weiterführung des Palazzo Barberini mit seiner ungewöhnlichen H-förmigen Disposition (Abb. oben). Bei beiden Projekten stand ihm Francesco Borromini, der Schüler Madernos, zur Seite.

Die Arbeiten in St. Peter umfassten die innere Ausgestaltung des Baus, das Ziborium über dem Hochaltar, damit verbunden die Neukonzeption der Vierung, schließlich die Gestaltung der Kathedra Petri und die Grabmäler für Urban VIII. und Alexander VII. Die größte Herausforderung für den Architekten Bernini jedoch stellten die Schaffung eines würdigen Vorplatzes und die städtebauliche Einbindung der Peterskirche in den Borgo (eig. Vorstadt) dar. Die proportionale Diskrepanz zwischen der Breite von Madernos Fassade und der Höhe von Michelangelos Kuppel stellte eine fast unlösbare Aufgabe dar. Bernini ließ zunächst die von Maderno begonnenen Flankentürme nach seinen Vorstellungen weiter bauen; als der südliche Turm einzustürzen drohte, wurden die Arbeiten eingestellt. Bernini fiel in Ungnade. Der hier abgebildete Entwurf (Abb. oben links) zeigt eine Neuplanung der Jahre 1645/46, die jedoch nicht realisiert wurde.

Erst 1656 konnte Bernini unter Alexander VII. mit den Entwürfen zum Petersplatz beginnen. Trotz beschränkender Vorgaben – der von Domenico Fontana in Rom versetzte Obelisk musste bewahrt, der Blick auf Kirche und Benediktionsloggia unverstellt bleiben – fand Bernini eine geniale Lösung: Nach diversen Vorplanungen (Abb. S. 27 unten) ersann er einen theatralisch sich steigernden Doppelplatz, der zum Verweilen einlädt, dabei aber den Blick auf den Petersdom lenkt. Die untere, zum Borgo hin geöffnete querovale *piazza obliqua* empfängt die Schar der Gläubigen, Kolonnaden aus jeweils vier Reihen dorischer Säulen umfassen das Areal in einer ausladenden Geste – sie signalisieren die geöffneten Arme der Kirche (Abbn. S. 27). Nach St. Peter hin steigt das Terrain an; hier verengt sich der Schauplatz zur trapezförmigen *piazza retta,* hinter der

Gianlorenzo Bernini, Rom, Petersplatz, 1656–71 (oben), Entwurf für den dritten Flügel, Stich von Giovanni Battista Falda, 1667 (rechts)

S. 26 links: **Gianlorenzo Bernini,** Fassadenentwurf des Petersdoms mit flankierenden Türmen, 1645/46, Graphit, Feder und schwarze Kreide, 57,5 x 43,4 cm, Rom, Biblioteca Apostolica Vaticana, vat. lat. 13442, f.4

S. 26 rechts: **Carlo Maderno (Entwurf), Gianlorenzo Bernini und Francesco Borromini (Ausführung),** Rom, Palazzo Barberini, 1626–29; Stich von Giovanni Battista Piranesi

Gianlorenzo Bernini, Rom, Engelsbrücke, 1667–69

Gianlorenzo Bernini, Rom, Vatikanischer Palast, Scala Regia, 1663–66

Madernos Fassade bühnenartig aufragt. Die Inszenierung gipfelt in der Benediktionsloggia, von der aus der Papst der Stadt und dem Erdkreis, *urbi et orbi,* den Segen erteilt.

Eine besondere »Kulisse« bildet die Scala Regia (1663–66), die Zeremonialtreppe, über die der Papst aus dem Vatikanspalast in den Petersdom getragen wurde (Abb. oben rechts). Auch hier hatte Bernini mit schwierigen Vorgaben zu kämpfen, auch diesmal fand er eine eindrucksvolle Lösung: In den schachtartigen Treppenaufgang stellte er einen überwölbten Säulengang ein, der den Weg des Papstes festlich rahmt und gleichzeitig die dahinter liegenden konvergierenden Wände kaschiert. Mit der edlen Architektur verbindet sich die Inszenierung des Lichts, die dem Raum sein feierliches Gepränge verleiht.

In den Jahren um 1660 wurde Bernini mit drei Kirchenbauten beauftragt, deren bedeutendster die Noviziatskirche der Jesuiten in Rom ist, S. Andrea al Quirinale (beg. 1658). Wieder verwendete er die Form des Querovals als bestimmendes Grundrisselement. Blickfang ist der theatralisch inszenierte Altarraum am Ende der kurzen Längsachse, umrahmt von einer Ädikulenarchitektur, in deren gebrochenem Giebel der Kirchenpatron gen Himmel aufzusteigen scheint (Abb. S. 29). Die Skulptur korrespondiert mit dem Martyrienbild des Altars und der dramatisch ausgeleuchteten Kuppel, die die rettende Himmelssphäre andeutet. Auch die Fassade des Baus ist großzügig gegenüber dem Straßenraum inszeniert: Ein Baldachin auf zwei ionischen Säulen schiebt sich bis weit vor die Tempelfront vor, konkave Flankenmauern bilden einen imaginären Vorplatz (Abb. S. 29 oben rechts).

Von 1664/65 datiert Berninis wichtigster Profanbau, der Palazzo Chigi-Odescalchi: Seine harmonische Fassadengliederung wies dem barocken Palastbau neue Wege. In das Pontifikat Clemens' IX. (1667–69) fiel die Umgestaltung des römischen Pons Aelius in die barocke Engelsbrücke, die als Kreuzweg zum Petersdom umgedeutet wurde (Abb. oben links). Zehn von Bernini und seinen Mitarbeitern ausgeführte Engelsfiguren präsentieren die Leidenswerkzeuge, ihre Physiognomien sind vom Mitleiden der Passion Christi gezeichnet.

Gianlorenzo Bernini,
Rom, S. Andrea al Quirinale, 1658–61, Kirchenfront mit halbrundem Portikus, über dem das Wappen des Stifters Camillo Pamphilj prangt (oben), Blick auf die Fassade des Altarraums (unten)

Francesco Borromini, Rom, S. Ivo alla Sapienza, beg. 1643, Fassade, Blick in die Kuppel, Entwurf für die Laterne

Francesco Borromini

Sonderling oder Visionär, Zerstörer der Baukunst oder ihr Retter – das Urteil über Francesco Castelli, genannt Borromini, ist gespalten. In der Tat brach der 1599 in Bissone am Luganer See geborene, aus einer Tessiner Steinmetzfamilie stammende Architekt mit vielen Konventionen. Die Dynamik seiner ausgeklügelten Konstruktionen sowie die Einbeziehung gotischer und manieristischer Elemente, vor allem aber die Absage an klassische Regeln ließen ihn als einen künstlerischen Außenseiter erscheinen. Er starb 1667 in Rom, vermutlich durch Selbstmord.

Borromini kam 20-jährig nach Rom, wo er als Steinmetz in der Bauhütte von St. Peter arbeitete. Sein ungewöhnliches zeichnerisches Talent ließ Maderno auf ihn aufmerksam werden, der ihn zur Mitarbeit an seinen Aufträgen heranzog. So ist er 1623 am Vierungsaltar von St. Peter und ab 1625 bei der Planung des Palazzo Barberini aktenkundig. In die Ausführung der beiden Werke scheint Borromini entschieden eingegriffen zu haben. Als Bernini, nach Madernos Tod, 1629 die Leitung der päpstlichen Projekte übernahm, entzündete sich die lebenslange Rivalität zwischen den beiden Meistern. Sie wurde als Konflikt zwischen handwerklicher Kreativität und höfischer Invention zum Inbegriff der divergierenden Kunstströmungen im barocken Rom.

Borromini schied 1632 aus der Zusammenarbeit mit Bernini aus, fand aber umgehend neue Auftraggeber, die ihm die Realisierung seiner eigenen Vorstellungen ermöglichten: So wurde er noch im gleichen Jahr zum Architekten der römischen Universität ernannt, für die er den spektakulären Bau von S. Ivo alla Sapienza plante. Zuvor jedoch schuf er für die Unbeschuhten Trinitarier sein erstes Meisterwerk, die Kirche von S. Carlo (S. Carlino) alle Quattro Fontane (beg. 1638). Der als »bescheiden« eingestufte Bau innerhalb eines engen Konventsgrundstücks bedeutete eine einzigartige künstlerische Herausforderung, die Borromini mit einem Höchstmaß an Kreativität beantwortete. Er ersann einen ebenso genialen wie verwirrenden Raum, der die Baukunst im wahrsten Sinne des Wortes »bewegte«: Im Grundriss ellipsoid, unterliegt sein Aufriss den Achsen zweier gleichschenkliger Dreiecke, welche durch monumentale Säulen hervorgehoben werden. Eine ovale Kuppel bekrönt das diffizile Raumgebilde (Abb. links). In S. Carlo beginnt der Schein, das Imaginäre, der sichtbar gemachten Konstruktion den Rang abzulaufen. Erst 1665–67 konnte Borromini die Fassade errichten, die mit ihrem konkav-konvex-konkav geschwungenen Verlauf eine weitere Inkunabel barocker Architektur darstellt (Abb. oben).

In der Universitätskirche S. Ivo alla Sapienza (beg. 1643) konnte Borromini die Plastizität und Bewegtheit seiner Architektur noch steigern. Ihre Fassade, eingelassen in den engen Hof Giacomo della Portas, ist in Form einer Exedra gebildet, dahinter steigt der eigentliche Kuppelbau in gegenläufigem Schwung auf, bekrönt von einer spiralförmigen

Francesco Borromini, Rom, S. Carlo alle Quattro Fontane, 1638–41, Detail der Fassade, 1665–67 (oben), Blick in die Kuppel (unten)

Rom, Piazza Navona

Rechts: **Francesco Borromini,** Rom, S. Giovanni in Laterano, Innenraum, 1646–49

Laterne (Abbn. S. 30). Der zentrale Innenraum öffnet sich in Apsiden, Nischen und Balkone, sodass nur wenige Wandflächen verbleiben. Seine Kontur scheint zu atmen, sich zu dehnen und sich zusammenzuziehen. Dass auch diesem Ein- und Ausschwingen ein ausgeklügeltes geometrisches System zugrunde liegt, bemerkt man kaum. Selbst die Zeitgenossen hatten Schwierigkeiten mit der »Lesbarkeit« des Baus, denn sie suchten nach

Francesco Borromini, Rom, S. Andrea delle Fratte, Glockenturm, 1653–56

Francesco Borromini und Carlo Rainaldi, Rom, S. Agnese, Fassade, 1653–57 (vollendet 1666)

immer neuen ikonographischen und heraldischen Interpretationen des Grundrisses oder der eigenwilligen Laterne, die man etwa als Turm zu Babel deutete.

So erscheint es fast überraschend, dass Papst Innozenz X. Borromini gegenüber Bernini den Vorzug gab und ihm die wichtigsten Aufträge seines Pontifikats übertrug. Dies war an erster Stelle die Neugestaltung des Langhauses der konstantinischen Lateransbasilika für das Jubeljahr 1650. Borromini löste die schwierige Aufgabe, die frühchristliche Bausubstanz zu wahren, das Innere aber grundlegend zu modernisieren, indem er die ursprünglichen 14 auf fünf Arkaden reduzierte und mit kolossalen Pilastern rahmte. Die dazwischen sich spannenden Wandflächen durchbrach und rhythmisierte er mit Nischen, Reliefs und großen Fenstern (1646–49; Abb. S. 32 unten). Ein Tonnengewölbe, das die flache Holzdecke verkleiden sollte, kam nicht zur Ausführung.

Ab 1653 leitete Borromini die Arbeiten an S. Agnese in Piazza Navona, der zum Familienpalast des Papstes gehörenden Kirche (Abb. oben). Um die Gestaltung des Ensembles gab es heftige Auseinandersetzungen; Borromini musste nach vier Jahren seinen Posten räumen. Dennoch konnte er unter anderem den Innenraum und die großzügig geschwungene Doppelturmfassade weitgehend vollenden, die den Platz so malerisch fasst. Von seinen späteren Werken seien noch Kuppel und Glockenturm von S. Andrea delle Fratte erwähnt (1653–56), in denen Borrominis eigenwillige Kunst noch einmal deutlich zutage tritt (Abb. oben links).

Pietro da Cortona

Der herausragende Maler, Zeichner und Bühnendekorateur Pietro da Cortona, geb. 1597 als Pietro Berrettini, betrachtete die Architektur als Zeitvertreib. Er vollendete nur wenige Bauten, die allerdings zum Inbegriff barocker Raumgestaltung wurden.

Bereits sein architektonisches Erstlingswerk, die Villa del Pigneto für den Kardinal Giulio Sacchetti (beg. 1626), gilt aufgrund ihrer plastischen Durchgliederung als Meilenstein im Villenbau. Dynamik und effektvolle Gewichtung von Masse und Raum werden kennzeichnend für Cortonas Baukunst: Dies belegen in überzeugender Weise seine Sakralbauten. 1635 übernahm der mittlerweile zum *principe* der Accademia di S. Luca aufgestiegene Meister die Umgestaltung der Kirche der Kunstakademie. Als während der Arbeiten die sterblichen Überreste der hl. Martina gefunden wurden, beschloss man einen großartigen Neubau. Cortona entwarf einen Zentralbau über griechischem Kreuz, dessen Inneres ungemein plastisch belebt ist: Die Wand ist in das Spiel von Säulen und Pfeilern aufgelöst, weiß und grau getönte Reliefs artikulieren die verbleibenden Wand- und Gewölbeflächen (Abbn. S. 35). Auch die Fassade ist in bis dahin unbekanntem konvexem Schwung zwischen die rahmenden Doppelpilaster gespannt.

Die Front von S. Maria della Pace (1656–57) greift weit in den städtischen Raum ein: Ihr Erdgeschoss ist als halbrunder Portikus ausgebildet, dessen Bewegung von zwei konkaven Flügelbauten aufgenommen wird. Die Kirche und der sie umgebende Raum gehorchen einem zwingenden Konzept. Sie bilden ein Kleinod der Urbanistik (Abb. oben). Ein letztes Meisterwerk Cortonas bildet die klassisch-elegante Kuppel von S. Carlo al Corso (beg. 1668), die die Silhouette von Rom beherrscht.

Pietro da Cortona, Rom, S. Maria della Pace, Fassade, 1656–57

Pietro da Cortona, Rom, SS. Luca e Martina, 1635–50; Innenansicht und Blick über das Juliusforum

Carlo Rainaldi, Rom, S. Maria Maggiore, Apsis, 1673

Carlo Rainaldi, Rom, S. Maria in Campitelli, Innenraum, 1655–67

Carlo Rainaldi

Neben Bernini, Borromini und da Cortona gebührt Carlo Rainaldi (1611–91) die Ehre, das Erscheinungsbild des barocken Rom entscheidend geprägt zu haben. Als Schüler seines Vaters hatte er in S. Agnese in Piazza Navona als Architekt debütiert, bis Borromini 1653 den Bau übernahm. In den folgenden Jahren übertrug Papst Alexander VII. Rainaldi drei bedeutende Aufgaben: den Entwurf und die Ausführung der Kirche von S. Maria in Campitelli (1655–67), die Fassade der Theatinerkirche S. Andrea della Valle (1661–65) und die Zwillingskirchen an der Piazza del Popolo (beg. 1661). Bei S. Maria in Campitelli entschied sich Rainaldi nach ersten Ovalprojekten für einen Grundriss aus zwei gestaffelten griechischen Kreuzen. Noch kühner gestaltete er den Aufriss: Den Innenraum dominiert die Längsachse, frei stehende Säulen leiten den Blick in den effektvoll inszenierten Altarraum (Abb. links). Auch die Piazza del Popolo mit der Einmündung dreier Hauptachsen wurde zum szenographischen Meisterwerk; die beiden Kuppelkirchen flankieren kulissenartig den Platz. 1673 vollendete Rainaldi den Ausbau der Apsis von S. Maria Maggiore (Abb. oben; unter Clemens IX. begonnen, unter Clemens X. vollendet).

Carlo Fontana

Anders als der Generation seiner Vorgänger gelangen Carlo Fontana (1634–1714) keine künstlerischen Geniestreiche. Als Leiter der Akademie und Vorreiter des Klassizismus setzte er jedoch Zeichen für eine vielfältig einsetzbare, auf hohem Niveau stehende Architektur. Durch seine Schüler und seine im gesamten Europa kursierenden Schriften und Entwürfe prägte er die Baukunst des 18. Jahrhunderts.

Fontana profilierte sich als Schüler und Mitarbeiter von Cortona, Rainaldi und Bernini, wurde 1666 zum Architekten der Camera Apostolica berufen und erwarb sich bald hohes Ansehen. Unter den Aufträgen seiner frühen Jahre ragt die Fassade von S. Marcello al Corso (1682–83) heraus, die borrominesken Schwung mit klassischer Ausgewogenheit und baulicher Logik verbindet (Abb. oben). Die Cibo-Kapelle in S. Maria del Popolo (1683–87) stattete er mit polychromem Marmor aus und belebte damit manieristische Traditionen. Ab 1686 bekleidete er das Amt des *principe* der Accademia di S. Luca.

Papst Innozenz XII. übertrug Fontana die Fortführung des von Bernini begonnenen Palazzo Montecitorio; es folgten etliche weitere Aufträge in und außerhalb Italiens. 1694 erschien seine Schrift »Templum Vaticanum et ipsius origo«, eine komplexe Baugeschichte von St. Peter, die er um eigene Projekte bereicherte. Dazu gehören auch der Entwurf einer *via triumphalis* bis zur Engelsbrücke und der Einbau einer christlichen Kirche in das Kolosseum (Abbn. rechts).

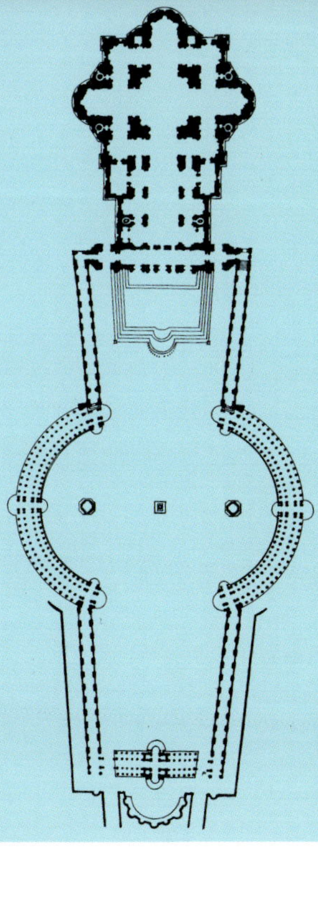

Carlo Fontana, Rom, S. Marcello al Corso, Fassade, 1682–83 (oben), Projekt für die Erweiterung des Petersplatzes und den Einbau einer Kirche in das Oval des Kolosseums, 1694 (links und unten)

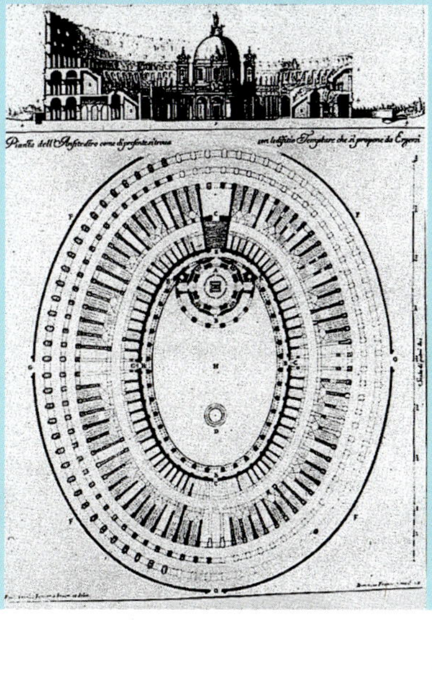

Filippo Raguzzini, Rom, Piazza S. Ignazio, 1726–28

S. 39: **Alessandro Specchi und Francesco de Sanctis,** Rom, Spanische Treppe, 1723–26, im Vordergrund die Fontana della Barcaccia von Gianlorenzo Bernini

Die Stadt als Bühne

In einer Epoche, in der das Leben als Schauspiel begriffen wurde, unterlag auch die Stadtplanung den Regeln theatralischer Inszenierung. Zwar hatte Rom bereits im 16. und frühen 17. Jahrhundert mit großen Straßendurchbrüchen, Brunnen und Obelisken ein stolzes Gesicht erhalten, doch fanden die grandiosen Ensembles der Piazza Navona (Abb. S. 32), des Petersplatzes (Abb. S. 21) und der Piazza del Popolo (vgl. S. 20) erst um die Jahrhundertmitte ihre vollendete Form. Spätbarock und *barocchetto,* die römische Variante des Rokoko, bevorzugten intimere, heiterere Szenarien. Beispiele dafür sind der Porto di Ripetta, der im 19. Jahrhundert zerstörte Tiberhafen, und vor allem die Spanische Treppe, für die Francesco de Sanctis 1723–26 einen anmutigen Entwurf realisierte (Abb. S. 39 rechts oben). Zunächst dreigeteilt, schwingt der Aufstieg der kulissenhaften Fassade der Kirche der Trinità dei Monti entgegen (Abb. S. 39). Weniger plakativ, doch städtebaulich nicht minder bedeutsam ist Filippo Raguzzinis Piazza S. Ignazio mit ihren szenographisch gestaffelten Fassaden (1726–28; Abb. oben).

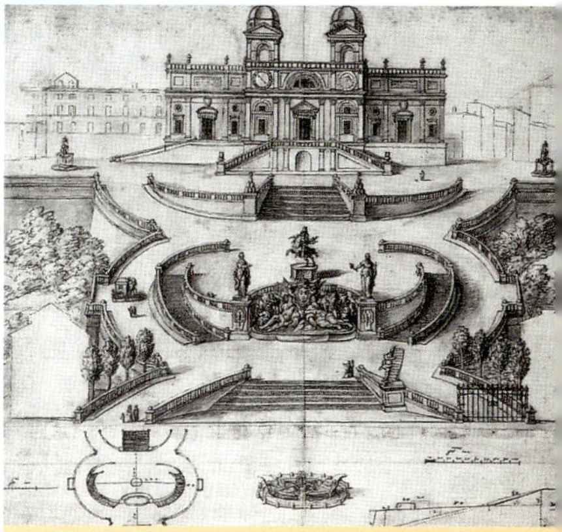

Umkreis des Gianlorenzo Bernini,
Entwurf für die Spanische Treppe in Rom, 1660, Rom, Biblioteca Vaticana

Nicola Salvi, Rom, Fontana di Trevi mit der Fassade des Palazzo Poli, 1732–62, Gesamtansicht und Details

S. 41: **Alessandro Galilei,** Rom, S. Giovanni in Laterano, Fassade, 1732–35

Rom im 18. Jahrhundert

Zu Beginn des 18. Jahrhunderts durchlebte die römische Architektur einen Paradigmenwechsel: Nicht mehr der pathetische Barock eines Bernini oder Borromini, sondern ein nüchterner Klassizismus, wie er seit längerem in England und Frankreich vorherrschte, zog Auftraggeber wie Künstler in seinen Bann. Carlo Fontana griff als Erster die neuen Ideen auf und beeinflusste damit vor allem den Villenbau. Die als Triumphbogen ausgebildete Schauwand der Fontana di Trevi zeigt, trotz rokokohafter Details, die neue Rationalität und Klarheit. Sie ist das Werk Nicola Salvis. Der römische Architekt lieferte 1732 den Aufsehen erregenden Entwurf, der Brunnenprospekt und Palastfassade (Palazzo Poli) in sich vereint (Abbn. S. 40). Der entscheidende Umbruch zum Klassizismus erfolgte aber erst, als zwei bedeutende Kirchenprojekte den neuen/alten Stil propagierten: Der Wettbewerb um die Gestaltung der Fassade von S. Giovanni in Laterano (1730–32) ist nicht nur seiner Intrigen wegen in die Baugeschichte eingegangen: Die Entscheidung für den klassisch geprägten Entwurf von Alessandro Galilei bedeutete die offizielle Absage an Hochbarock und *barocchetto*. Monumentale Säulen und Pilasterordnungen gliedern die ruhige, zweigeschossige Front und rahmen tiefe, verschattete Arkadenöffnungen (Abb. oben). Doppelsäulen und Dreiecksgiebel zeichnen die Mittelachse mit der Benediktionsloggia aus.

Ferdinando Fuga errichtete 1741–43 die Fassade von S. Maria Maggiore, einer weiteren der vier Patriarchalbasiliken Roms. Es ist aufschlussreich zu sehen, wie anders er die gleiche Bauaufgabe unter Einsatz derselben Stilmittel löste: Fuga verzichtet auf die Kolossalgliederung und betont die Eigenständigkeit der Geschosse, die durch wechselnde Giebel beziehungsweise unterschiedliche Wandöffnungen rhythmisiert sind.

Neapel und Süditalien

Bis 1713 unterstanden die vereinigten Königreiche Neapel und Sizilien der spanischen Krone, danach bestimmten Österreicher, Savoyer und schließlich die spanischen Bourbonen das Schicksal Süditaliens.

Neapel, über Jahrhunderte Sitz der Vizekönige, rühmte sich seines großstädtischen Charakters. Bis heute prägen Barock und Rokoko sein Antlitz, schmücken üppiger Stuck- und Marmordekor ebenso wie farbige Majoliken die Fassaden von Kirchen und Palästen. Beherrschte im 17. Jahrhundert die bernineske Architektur Cosimo Fanzagos das Stadtbild (Abb. unten), so schufen in der ersten Hälfte des 18. Jahrhunderts die malerischen Treppenanlagen eines Ferdinando Sanfelice theaterhafte Szenarien. Um 1750 schließlich bestimmten die klassizistisch orientierten, in Rom geschulten Architekten Luigi Vanvitelli und Ferdinando Fuga das Geschehen. Vor allem Fuga sind die öffentlichen Bauten zu verdanken, die Neapel den Ruf einer aufgeklärten Stadt verliehen.

Zentren barocken Bauens sind außerdem das apulische Lecce mit seinen überbordenden Fassaden, besonders aber Südostsizilien, wo sich in Noto, Modica und Ragusa Ibla einzigartige Stadtensembles erhalten haben.

Luigi Vanvitelli

Vanvitelli wurde 1700 in Neapel als Sohn des niederländischen Vedutenmalers Gaspar van Wittel geboren. Nach dem Studium bei seinem Vater wandte er sich ab 1725 in Rom der Architektur zu. Nach zahlreichen Aufträgen in ganz Italien kehrte er 1751 nach Neapel zurück und übernahm den Bau der Reggia in Caserta, der Residenz der bourbonischen Könige von Neapel. Mit 1200 Räumen und einer Grundfläche von 208 x 165 Metern sollte das Schloss Versailles nacheifern und sogar noch übertreffen.

Vanvitelli erfüllte die hoch gespannten Erwartungen Karls von Bourbon. Er entwickelte eine im Grundriss dem Escorial verwandte Struktur: Einem Rechteck sind vier sich kreuzende Flügel eingestellt, die wiederum vier Höfe bilden, um die herum sich die Raumfluchten gruppieren. Die Knoten- und Kreuzungspunkte sind aufs Großartigste architektonisch inszeniert, etwa das oktogonale Vestibül im Zentrum der Anlage, das sich in ein dreirampiges Treppenhaus öffnet (Abb. S. 43 unten). Eher funktional geben sich die Außenfassaden, die die Gliederung des Komplexes durch Risalite anzeigen (Abb. S. 43 oben). Hinter dem Schloss führt eine drei Kilometer lange, ansteigende Achse zur großen Kaskade, die als ferne Kulisse erscheint.

Oben und rechts:
Luigi Vanvitelli, Caserta, La Reggia, beg. 1751, Fassade und Treppenhaus

S. 42:
Cosimo Fanzago, Neapel, S. Maria Egiziaca, beg. 1651, Fassade

Guarino Guarini, Turin, S. Lorenzo, 1668–87, Kuppel (oben), Innenansicht (unten)

Oben rechts: **Guarino Guarini,** Turin, Palazzo Carignano, 1679–81

Turin und Piemont

Turin, Hauptstadt der Grafschaft Savoyen und ab 1720 Residenz der Könige von Sardinien-Piemont, konnte als eines der wenigen Zentren neben Rom entscheidende Beiträge zur Architektur des Barockzeitalters liefern.

Bereits im späten 16. Jahrhundert hatte die regelmäßige Stadterweiterung von Ascanio Vitozzi von sich reden gemacht, die seine Nachfolger Carlo und Amedeo di Castellamonte im 17. Jahrhundert fortführten. Sie schufen eine homogene Stadtstruktur, in die Residenz-, Sakral- und Profanbauten gleichermaßen mit einbezogen wurden. Turin wurde zu einer der modernsten Städte Europas.

Guarino Guarini

Der in Modena beheimatete Theatinermönch Guarino Guarini (1624–83) war als Philosoph und Mathematiker bekannt, bevor er sich der Architektur widmete. Seine Bauten, vor allem aber seine Kuppelkonstruktionen, sind ohne diese Vorbildung kaum zu erklären – dennoch war Guarini alles andere als ein kühler Rationalist. Seine pulsierenden und dynamischen Raumschöpfungen ließen ihn zum Nachfolger Borrominis werden.

Bevor sich Guarini 1666 in Turin niederließ, hatten ihn ausgedehnte Reisen nach Rom, Messina und Paris geführt; seine Entwürfe kursierten in ganz Europa und beeinflussten die Architektur zwischen Lissabon und Prag. Dennoch sind seine Meisterwerke fast ausschließlich im Piemont erhalten: Als Hofarchitekt des Herzogs von Savoyen vollendete er ab 1668 die Kapelle des hl. Schweißtuches (S. Sindone) am Turiner Dom und schuf damit einen der »geheimnisvollsten und zutiefst aufwühlenden Räume« aller Zeiten (Abbn. S. 45 oben und rechts). Der irrationa-

Guarino Guarini, Turin, Cappella della Santissima Sindone, 1668–94
Außenansicht der Kuppel in einer graphischen Umsetzung (oben)
Blick in die Kuppel (rechts)

le Charakter der Reliquienkapelle wird nicht allein durch die schwarze Marmorverkleidung der Wände hervorgerufen, auch die ganz ungewöhnlich aus 36 übereinandergestellten Segmentbögen gebildete Kuppel wirkt ungemein suggestiv. Etwa gleichzeitig (1668–87) arbeitete Guarini an der Kirche S. Lorenzo (Abbn. S. 44 links), einem Zentralbau, der durch frei schwingende Bögen überkuppelt wird. Das Prinzip der malerisch einander überschneidenden Bandrippen entlehnte der Künstler möglicherweise der maurischen Architektur. Unter den Profanbauten sei der Palazzo Carignano erwähnt, dessen Zentrum ein ovaler Salon einnimmt (1679–81; Abb. S. 44 oben rechts).

Filippo Juvarra

1714 trat der begnadete Architekt und Zeichner Filippo Juvarra (1678–1736) in den Dienst Vittorio Amedeos II. von Savoyen. In den 21 Jahren seines Schaffens für den piemonteser Hof sollte er dem Land und seiner Hauptstadt Turin ein neues Antlitz verleihen – und Rom auf einen Zuschauerplatz verweisen.

In Messina geboren, studierte der junge Künstler bei Carlo Fontana in Rom und gewann bereits 1705 den ersten Preis der Akademie mit einem »Palast für drei Personen«. Als Bühnenbildner erlangte er beträchtlichen Ruhm, der Vittorio Amedeo II. dazu veranlasst haben dürfte, ihn zum königlichen Architekten zu ernennen. In dieser Position errichtete Juvarra eine Vielzahl von Kirchen, Palästen und Villen, gestaltete Innenräume und plante ganze Stadtviertel. Sein eleganter, dekorativer Stil ließ ihn zum beliebtesten Architekten des Spätbarock werden, um den sich die Regenten in ganz Europa bemühten. Juvarra starb 1736 in Madrid während der Arbeiten am Neubau des Palacio Real (Abb. S. 61 oben).

Filippo Juvarra, Turin, Palazzo Madama, 1718–21

S. 47: **Filippo Juvarra,** Turin, La Superga, 1717–31

Eines seiner frühen Werke in Turin wurde zugleich sein bedeutendstes: die Votivkirche La Superga, malerisch auf einer 700 Meter hohen Bergkuppe östlich von Turin gelegen (1717–31; Abb. S. 47). Anlässlich der Aufhebung der französischen Belagerung von 1706 gestiftet, dient der aufragende Zentralbau als Mausoleum der Familie Savoyen. Seinen zylindrischen Kern flankieren niedrige Flügelbauten mit Glockentürmen, ein klassischer Pronaos ist ihm raumgreifend vorgelagert. Über allem erhebt sich die elegante Kuppel auf hohem Tambour. Hinter der prospektartigen, auf Fernsicht berechneten Schaufront der Kirche treten die anschließenden Konventsgebäude deutlich zurück. Mit der Superga hat Juvarra Ideen des römischen Hochbarock aufgegriffen und in ein neues Ambiente versetzt – die Landschaft.

Der Palazzo Madama, benannt nach seiner Auftraggeberin, der Mutter Vittorio Amedeos II., erhebt sich im historischen Zentrum Turins. Er wurde nie vollendet und grenzt bis heute an das spätmittelalterliche Kastell. Ab 1718 arbeitete Juvarra an den Plänen für eine großzügige Erneuerung des Komplexes. Was von seinen Projekten realisiert wurde, ist trotz oder gerade wegen seines fragmentarischen Zustands außergewöhnlich: Hinter der Palastfassade, deren große Ordnung an Berninis Palastbauten erinnert (Abb. links), erwartet den Eintretenden lediglich ein grandioses, quer gelagertes Treppenhaus, das von einem gewaltigen Tonnengewölbe überfangen wird. Die zweiflügelige

ROXNY
FABRY
DANY

Treppe vereint sich im Obergeschoss, der Aufstieg dorthin wird von der Architektur szenographisch gerahmt.

Für die Jagdschlösser Venaria Reale (1714–26) und Stupinigi (beg. 1729) sowie für die Sommerresidenz Rivoli (1718–21) entwarf Juvarra neue, landschaftsbezogene Konzeptionen. Allein der Grundriss von Stupinigi greift weit in die Umgebung ein, die königlichen Gemächer sind in Flügeln untergebracht, die die Form eines gespreizten X haben. Sie kulminieren in einem überhöhten ovalen Festsaal, der aufs Üppigste mit Jagdszenerien geschmückt ist (Abb. S. 48). Ein achteckiger Ehrenhof bildet den Auftakt des kulissenartigen Ensembles (Abb. oben). Das Wirken des Bühnenbildners Juvarra ist unverkennbar, und dennoch ist die Anlage ebenso dekorativ wie zweckmäßig: In den Zwickeln und an den Kanten des Haupttrakts liegen Stallungen und Wirtschaftsgebäude, die die Funktion des Jagdschlosses verdeutlichen. Neben seinem architektonischen Œuvre hinterließ Juvarra eine Vielzahl von Zeichnungen, Skizzen und Entwürfen.

S. 48 und oben: **Filippo Juvarra,** Jagdschloss Stupinigi, 1729–33, Außenansicht (oben), Große Halle (S. 48)

Bernardo Vittone (1705–70) stand lange im Schatten seiner bekannteren Kollegen Guarini und Juvarra; erst in den letzten Jahrzehnten ist die künstlerische Qualität seines Werks ins rechte Licht gerückt worden. Vittone studierte in Rom, arbeitete aber fast ausschließlich im Piemont, wo er vielerorts malerisch-bewegte Kirchenräume schuf. Er beschäftigte sich mit theoretischen Fragestellungen und gab Guarinis »Architettura civile« posthum heraus.

Bernardo Vittone, Bra, S. Chiara, 1742, Blick in die Kuppel

Venedig und Venezien

Das Werk Andrea Palladios prägte die Architektur Venedigs und des Veneto auch im Barockzeitalter. Palladios klassisch-rationale Raumkomposition und sein kontextbezogener Entwurf blieben bis weit ins 18. Jahrhundert hinein vorbildlich und ebneten den Weg für die überaus schnelle Akzeptanz des Klassizismus in der Lagunenstadt.

Wesentliche urbanistische Neuerungen kann das von Krisen geschüttelte Venedig des 17. und 18. Jahrhunderts nicht aufweisen – die Plätze und großen Achsen wurden zum überwiegenden Teil in der Renaissance gestaltet –, doch sind punktuelle Eingriffe zu verzeichnen, die dem Stadtbild Venedigs einen Hauch von Barock verleihen: Zu nennen sind in diesem Zusammenhang der Palazzo Belloni-Battagia (um 1650), Ca' Pesaro (1652–1710) oder der Palazzo Bon-Rezzonico (beg. 1666, Abbn. S. 52). Mit jedem dieser Bauten verbindet sich der Name Baldassare Longhenas, des einzigen großen Barockarchitekten Venedigs.

Baldassare Longhena

Der aus einer Steinmetzfamilie stammende Baldassare Longhena wurde 1598 in Venedig geboren. Sein Lehrer war der Palladio-Schüler und Theoretiker Vincenzo Scamozzi, der ihn mit den Prinzipien seines Meisters vertraut machte. 1630 gewann Longhena den Wettbewerb um die Votivkirche S. Maria della Salute, deren Bau während einer Pestepidemie gelobt worden war (Abbn. S. 51). Sein Entwurf verbindet ein zentrales Oktogon mit einem exedraartigen Apsisraum, beide Elemente sind mit mächtigen Kuppeln bekrönt. Longhena nutzt die natürliche Kulisse an der Einfahrt zum Canale Grande, um vom Sonnenlicht dramatisch modellierte Baukörper zu inszenieren: Die Fassaden des Oktogons sind lebhaft gegliedert, raumgreifende Voluten vermitteln zwischen Oktogon und Tambour. Der ganze Bau erstrahlt in makellosem Weiß. – Auch das Treppenhaus von S. Giorgio Maggiore (1643–45; Abb. links) mit seinen üppigen Marmorintarsien ist ein Meisterwerk szenographischer Gestaltung .

An der Entwicklung des Palastbaus hatte Longhena entscheidenden Anteil, obwohl es ihm nicht mehr vergönnt war, seine Hauptwerke vollendet zu sehen. Ca' Pesaro, einer der größten und aufwändigsten Privatpaläste Venedigs, zeigt die gleiche Virtuosität im Umgang mit Masse und Volumen, das gleiche ausgeklügelte Spiel von Licht und Schatten wie die Salute (1652–1710; Abb. S. 52 links). Wie eine zweite Raumschicht umgeben die Säulenstellungen der Obergeschosse den kubischen Baukörper. Die gleiche effektvolle Fassadengestaltung zeichnet auch den Palazzo Bon-Rezzonico aus (Abb. S. 52 rechts), den Longhena 1666 begann.

Baldassare Longhena, Venedig, S. Giorgio Maggiore; Treppenhaus, 1643–45

Baldassare Longhena,
Venedig, S. Maria della Salute, beg. 1630/31, Innenraum (oben), Gesamtansicht

Baldassare Longhena, Venedig, Ca' Pesaro, 1652/59–1710

Baldassare Longhena und Giorgio Massari, Venedig, Ca' Rezzonico, beg. 1666, erweitert ab 1745

S. 53: **Giorgio Massari,** Venedig, Ca' Rezzonico, Ballsaal, ab 1745

Giorgio Massari

Wie Baldassare Longhena im 17., so bestimmte Giorgio Massari (1687–1766) im 18. Jahrhundert die Baukunst Venedigs. Er errichtete unzählige Kirchen und Paläste, an ebenso vielen Projekten in der Lagunenstadt und im gesamten Veneto war er maßgeblich beteiligt. Sein ausgewogener, klassischer Stil steht in der Tradition Palladios und Longhenas, ohne dass er jedoch deren plastische Kraft entfaltete.

Massari, über dessen Leben wenig bekannt ist, war Sohn eines Möbelschreiners. Vermutlich widmete er sich erst spät der Architektur. In dem reichen Kaufmann Paolo Tamagnin fand er einen ersten Förderer, der ihm den Wiederaufbau der Kirche S. Giovanni in Bragora anvertraute. 1726–36 leitete er den Neubau der Kirche der »Gesuati«, deren Fassade mit ihrer gewaltigen korinthischen Ordnung den Canale di Giudecca dominiert. Auch die unvollendete Saalkirche S. Marcuola und der Ovalbau der SS. Pietà zählen zu seinen Werken.

Unter den Palästen, die Massari errichtete oder vollendete – es ist ein Charakteristikum Venedigs, dass seine Bauten dem Lauf von Jahrhunderten folgen –, ist der Palazzo Grassi der bedeutendste; zuvor jedoch profilierte er sich mit der Umgestaltung von Ca' Rezzonico (Abb. oben rechts). Unter seiner Leitung erhielt der von Longhena begonnene Bau sein heutiges Aussehen. Das Innere wurde den gesellschaftlichen Bedürfnissen des 18. Jahrhunderts entsprechend verändert: So öffnete Massari das Obergeschoss zu einem lichten Ballsaal (Abb. S. 53).

Der Palazzo Grassi ist der größte und, historisch gesehen, späteste Adelspalast am Canale Grande. Mit seiner rhythmisierten Front greift er bewusst venezianische Tradition auf. Und doch scheint sich ein Wandel anzukündigen: Der kühl und elegant sich gebende Bau weist auf den Klassizismus voraus. Massaris Auftraggeber, die Bologneser Familie Grassi, war erst 1718 in das venezianische Patriziat aufgestiegen.

Italienische Barockvillen

Bereits in der römischen Antike hatte es wohlhabende Patrizier von der Stadt aufs Land gezogen: Ab dem 2. Jahrhundert v. Chr. entstanden um den Golf von Neapel, in der Campagna bis hin zu den Hängen von Rhein und Mosel luxuriöse Landsitze, die die Annehmlichkeiten des Landlebens mit repräsentativer Lebensführung verbanden. So wurde die Villa, das frei stehende, in Garten- und Parkanlagen eingebundene Herrenhaus, in der Kaiserzeit zu einer eigenständigen, hochrangigen Bauaufgabe. Mit der Wiederentdeckung der Antike und der Schriften Vitruvs erlebte auch der Villenbau seine Renaissance. Als Theoretiker lieferten Leone Battista Alberti und Vincenzo Scamozzi die Vorgaben, während Raffael mit der Villa Madama und Andrea Palladio mit seinen Villen im Veneto die Verschmelzung von klassischer Architektur und Landschaft demonstrierten. Das Barockzeitalter steigerte den Bautyp der Villa ins Monumentale, Palastartige. Im Gegensatz zum Palastbau jedoch, dessen Anlage dem strengen Hofzeremoniell zu entsprechen hatte, gestattete die Villa gewisse gestalterische Freiheit. Einer der ersten Bauten, der dieser Tendenz entsprach, war die 1544 von Annibale Lippi begonnene Villa Medici auf dem Pincio in Rom. Den Mittelbau, der sich in Portiken öffnet, begleiten zwei turmartig überhöhte, hervortretende Seitenflügel. Ebenso trugen die in weite Gärten eingebundenen Villa Lante in Bagnaia und Villa d'Este in Tivoli zur Ausbildung des barocken Typus bei.

Ganz oben: **Giovanni Vasanzio**, Rom, Villa Borghese, 1613–16

Oben: **Pietro da Cortona,** Rom, Villa Sacchetti al Pigneto, 1625–30, Stich von Ghezzi

Links: **Alessandro Algardi,** Rom, Villa Doria Pamphilj, um 1650

Die Villa Borghese, die zwischen 1613 und 1616 für den Neffen von Papst Paul V., Kardinal Scipione Caffarelli Borghese, errichtet wurde, nahm sich die Villa Medici zum Vorbild. Eingebettet in einen ausgedehnten, von Alleen durchzogenen Park, erscheint »das Casino« ähnlich blockhaft, zum Garten geöffnet und von massiven Seitenrisaliten flankiert wie diese (Abb. oben).

In der Hauptfassade, die hinter der weiten Terrasse des Obergeschosses aufragt, sind archäologische Fundstücke eingelassen (teilweise erneuert). Scipione Borghese hatte den Bau von Anfang an als Aufbewahrungsort seiner reichen Skulpturen- und Gemäldesammlung vorgesehen.
Schon früh dem Verfall preisgegeben war eines der großartigsten Projekte des römischen Villenbaus, die Villa Sacchetti del Pigneto, das erste bedeutende architektonische Werk des Pietro da Cortona (1625; Abb. S. 54 Mitte). Beherrschendes Motiv der triumphalen, von konkaven Flügeln gerahmten Gartenfassade war eine mächtige Belvedere-Nische. Von ihr aus bot sich der ideale Blick auf die tiefer liegenden Gartenanlagen, zu denen man über Terrassen und Treppen hinabstieg. Nachdem Entwürfe Borrominis nicht befriedigt hatten, beauftragte Fürst Camillo Pamphilj 1650 den Bildhauer und Architekten Alessandro Algardi mit dem Bau seiner Villa nahe der Via Aurelia Antica und mit der Anlage des weitläufigen, von Seen durchzogenen Parks, des größten im damaligen Rom. In dem kubischen Gartenpalast wird einmal mehr das Vorbild der Villa Medici spürbar, wie in der Villa Borghese sind auch hier Antikenfragmente in die Fassade eingelassen (Abb. S. 54 unten). Der museale Kontext der römischen Villen verstärkt sich schließlich noch in der Villa Albani, die sich der Kardinal Alessandro Albani durch Carlo Marchionni 1743–63 errichten ließ. Sie war von vornherein mehr zur Unterbringung seiner Kunstsammlung gedacht denn als Wohnraum. Der große Gelehrte Johann Joachim Winckelmann schrieb hier seine »Geschichte der Kunst des Altertums«. In der Fassadengestaltung beschritt Marchionni neue Wege: Die anspruchsvolle Gartenfassade überträgt Motive von Michelangelos Konservatorenpalast in die Architektur des 18. Jahrhunderts (Abb. links).
Auch im Veneto vermochte der Villenbau an frühere Glanzzeiten anzuknüpfen: Die Villa Pisani in Strà (1735–56) nimmt die klassischen Vorstellungen Palladios wieder auf, steigert sie nun aber in ungewohnt große, repräsentative Dimension (Abb. oben). Die Villa ist kaum mehr vom Lustschloss zu unterscheiden.

Francesco Maria Preti, Strà, Villa Pisani, 1735–56, Gartenfassade

Unten: **Carlo Marchionni,** Rom, Villa Albani, 1743–63, Gartenfassade

Spanien

Der Bau der Klosterresidenz S. Lorenzo de El Escorial (1563–84; Abb. unten) leitete ein neues Zeitalter spanischer Baukunst ein. Mit der Wahl einer »römischen«, den Forderungen Vitruvs folgenden Architektur wurde der bis ins 16. Jahrhundert hinein vorherrschenden Spätgotik und dem so genannten plateresken Stil eine deutliche Absage erteilt. Von da an sollte die klassisch strenge Auffassung, wie sie der Hofarchitekt Juan de Herrera vertrat, bis weit ins 17. Jahrhundert hinein vorbildlich bleiben.

Nicht nur stilistisch bedeutete El Escorial einen Neuanfang: Die Klosterresidenz, die nicht zufällig in dem Jahr begonnen wurde, in dem das Tridentinische Konzil seine Pforten schloss, manifestiert den Beginn des Absolutismus, der alleinigen, auf Gottes Gnaden sich berufenden Staatsgewalt. Mit der Entscheidung, Königspalast und Grablege der Habsburger mit Kirche, Konvent und Kolleg des Hieronymitenordens zu verbinden, veranschaulichte Philipp II. die perfekte Vereinigung weltlicher und geistiger Macht.

Zwei spanische Bautypen lieferten die Vorlagen für die 208 x 162 Meter umfassende Rasteranlage: der *alcázar,* die turmbewehrte maurische Schlossburg, und das Hospital mit seinem Hofsystem. Die zeichenhafte Struktur des Grundrisses gab zu Überhöhung und symbolischer Ausdeutung Anlass: Den einen galt El Escorial als Abbild des Salomonischen Tempels, andere sahen in ihm einen Hinweis auf das Martyrium seines Patrons, den Rost des hl. Laurenz. El Escorial und das Mäzenatentum Philipps II. lieferten in komplexer Hinsicht das Modell für die Baukultur des spanischen Reichs: Die enge Bindung des Adels an den Hof, die geistigen Voraussetzungen der Gegenreformation, gepaart mit den Zentralisierungsmaßnahmen der spanischen Krone, ließen den strengen Klassizismus des Escorial zum ästhetischen Vorbild werden. Noch nachhaltiger wirkte die Ausrichtung der Hofkunst: Wie der König widmete der Adel seine ganze Aufmerksamkeit betont der Sorge um das Seelenheil. Sein gesamtes Vermögen floss in religiöse Stiftungen, Kirchen, Kapellen, Klöster und Konvente. Der Profanbau, der der Baukunst in Italien und Frankreich neue Impulse gab, war in Spanien nahezu bedeutungslos. Selbst Madrid, ab 1561 immerhin Hauptstadt eines Weltreichs, schmückte sich fast ausschließlich mit Klöstern. Lediglich im Städtebau wurde mit der Plaza Mayor ein eigener profaner Bautyp geschaffen, der in Salamanca seine schönste Ausbildung fand (Abb. S. 57).

Juan de Herrera (1530–97), Gelehrter und Vertrauter des Königs, Vollender des Escorial, steuerte alle wichtigen Bauvorhaben. Über seine Schüler wurde der »Herrera-Stil« oder »estilo desornamentado« (schmuckloser Stil) in alle Ecken des Reiches getragen, sogar in das annektierte Portugal. Doch nicht nur in der Fassadengestaltung, auch in der Raumorganisation gelangte Herrera zu nachhaltigen Lösungen: Die Kathedrale von Vallado-

S. 56: **Juan Bautista de Toledo und Juan de Herrera,** S. Lorenzo de El Escorial, 1563–84, Gesamtansicht

Alberto de Churriguera und Andrés García de Quiñones,Salamanca, Plaza Mayor mit Pabellón Real, 1728–55

Rechts: **Fray Alberto de la Madre de Dios,** Madrid, La Encarnación, beg. 1611

lid, die er ab 1580 umgestaltete, wurde mit ihrem rechteckigen Grundriss und dem weiten Predigtraum im Langhaus zum Prototyp vor allem des kolonialen Kirchenbaus.

Nur sehr zögernd öffnete sich die spanische Baukunst im frühen 17. Jahrhundert neuen Tendenzen. Als Beispiel hierfür sei die Kirche der Encarnación in Madrid (Abb. rechts) angeführt, die von Doña Margarita de Austria und Philipp III. gestiftet und ab 1611 von Fray Alberto de la Madre de Dios errichtet wurde. Die lastende Schwere vieler Bauten der Herrera-Nachfolge begann nun größerer Eleganz Platz zu machen.

Links: **Juan Gómez de Mora,** Madrid, Cárcel de Corte (ehem. Hofgefängnis), 1629–34

S. 59 links: **Alonso Cano,** Granada, Kathedrale, Fassade, Entwurf 1664, beg. 1667

S. 59 rechts: **Jerez de la Frontera,** Fassade der Kartause Sta. María de la Defensión, 1667

Unten: **Madrid, Plaza Mayor,** 1617–19

Der Ausbau Madrids zur Residenz

Obwohl 1561 zum festen Sitz der Könige bestimmt, fehlte Madrid bis ins 17. Jahrhundert hinein jedes hauptstädtische Gepränge. Erst als Philipp III. 1606 die endgültige Niederlassung des Hofes bestimmte, begann eine Periode reger Bautätigkeit, die der Residenz einen ihr angemessenen Rahmen verlieh. Juan Gómez de Mora (1586–1648) wurde zum Architekten dieses Aufschwungs: 1617 lieferte er erste Projekte für die Plaza Mayor (Abb. oben). Zwischen 1619 und 1627 verwandelte er den alten, unübersichtlichen *alcázar* in ein zeitgemäßes Schloss. Der repräsentative Vierflügelbau mit einheitlich durchgestalteter Fassade fiel jedoch einem Feuer zum Opfer; er wurde durch den Neubau von Juvarra und Sacchetti ersetzt (s. S. 60/61. Mit der Cárcel de Corte (Hofgefängnis, 1629–34; Abb. oben), sowie dem Ayuntamiento (Rathaus, beg. 1640) erhielt Madrid zeitgemäße öffentliche Bauten. Der Bau einer mit St. Peter konkurrierenden Kathedrale wurde jedoch nicht ausgeführt.

Die Baukunst in Spaniens Regionen

Um die Mitte des 17. Jahrhunderts begannen einige Regionen Spaniens aus dem Schatten der Krone herauszutreten. Ihre Baukunst signalisierte die endgültige Abkehr vom Herrerianismus und einen völligen Neubeginn der iberischen Barockarchitektur. In Granada erschien mit Alonso Cano (1601–67) eine Persönlichkeit, deren Kreativität und Ausstrahlung nur von Velázquez übertroffen wurde. Cano ist der einzige bedeutende »Gesamtkünstler«, den Spanien hervorgebracht hat. Zwar liegt der Schwerpunkt seines Schaffens in der Malerei, doch zeugt der Plan für die Fassade der Kathedrale von Granada (Abb. oben links), den er 1664 vorlegte, von ebenso großem Erfindungsreichtum. Obwohl Cano die Struktur des von Diego de Siloe errichteten Langhauses berücksichtigen musste, gelang ihm ein Entwurf, der sich von allen zeitgenössischen Fassadenlösungen abhebt: eine triumphbogenartige Rahmenstruktur, hinter der die Portale und Wandfelder weit zurücktreten.

Die bourbonische Hofarchitektur

Als mit Philipp V. der erste Bourbone den spanischen Thron bestieg, hatte dies zunächst keine unmittelbaren künstlerischen Folgen – zu sehr war das Reich von den Wirren des Erbfolgekrieges erschüttert. Erst ab 1720 kündigte sich ein Umschwung an: Dem Erbe der Habsburger und der an Facetten reichen regionalen Architektur trat nun die bourbonische Hofkunst gegenüber, die sich am klassizistischen Barock Italiens und Frankreichs orientierte. Zur wichtigsten Aufgabe wurde der unter den spanischen Habsburgern stiefmütterlich behandelte Schlossbau. Seine Umsetzung lag fast ausschließlich in Händen ausländischer Künstler.

Der Ausbau des Jagdschlosses von La Granja bei Segovia war das erste größere Bauprojekt, das die bourbonischen Könige in Angriff nahmen. Philipp V. erwarb das durch den Hieronymitenorden genutzte Gelände 1720 und beauftragte seinen Hofarchitekten Teodoro Ardemans (1664–1726) mit der Planung. Ardemans lieferte zunächst ein traditionelles Alcázar-Projekt, das im NW von einer kreuzförmigen Kapelle durchbrochen wird. Italienische und französische Einflüsse setzten sich erst in einer zweiten Bauphase durch, als die römischen Architekten Andrea Procaccini und Sempronio Subisati gegen 1730 den Kern des Baus um zwei Dreiflügelanlagen erweiterten. Mit dem Patio de la Herradura im SW und dem Patio de los Coches im NO erhielt der archaische Alcázar nun gleich zwei repräsentative *cours d'honneur.*

Die Tendenz zur Internationalisierung der Architektur manifestiert sich noch stärker in der ganz und gar vom römischen Barock geprägten Gartenfront, die 1736 von Giovanni Battista Sacchetti nach Plänen des Turiner Hofarchitekten Filippo Juvarra vollendet wurde. Vier Kolossalsäulen im Mittelrisalit und eine subtil abgestufte Reihung von Kolossalpilastern zu dessen Seiten verleihen der Fassade eine im Schlossbau Spaniens bis dahin völlig unbekannte Aussagekraft (Abb. S. 61 unten).

Nachdem 1734 ein verheerender Brand den Madrider Alcázar mitsamt dem größten Teil seiner Ausstattung vernichtet hatte, beauftragte Philipp V. Filippo Juvarra mit der Anfertigung von Plänen für den Neubau. Dieser entwarf einen monumentalen, Versailles an Größe (474 Meter Seitenlänge, 23 Höfe!) übertreffenden Komplex für einen Standort außerhalb der Stadt. Sowohl die Abneigung des Königs gegen eine Verlegung der Residenz als auch der Tod Juvarras verhinderten die Ausführung. Sein Nachfolger Sacchetti änderte Juvarras Pläne ab und errichtete den heutigen Bau am Rande der Altstadt (Abb. S. 61 oben). Die geschlossene Vierflügelanlage mit Binnenhof und Eckrisaliten bleibt der Tradition des spanischen Alcázars verhaftet. In der Gestaltung der Fassaden vermischen sich Elemente der französischen wie der italienischen Hofarchitektur: Über einem hohen gequaderten Sockel, der Erdgeschoss und Mezzanin zusammenfasst, erhebt sich der dreistöckige, mit Kolossalsäulen und -pilastern verklammerte Repräsentationstrakt. Ein ausladendes Gebälk, in dem sich zwei weitere Geschosse verbergen, schließt den wuchtigen, auf Fernsicht konzipierten Bau ab. Ursprünglich waren, wie in Berninis Louvre-Entwurf, Statuen zur Bekrönung der Balustrade geplant; sie hätten die kubische Strenge des Palastes gemildert. Im Inneren folgt die Raumdisposition als *appartement double* modernen französischen Ansprüchen.

Aranjuez, ein Kloster in einem wasserreichen Jagdgebiet, hatte schon Philipp II. zur Sommerresidenz auserkoren. Die Pläne seiner Architekten, darunter Herrera und Gómez de Mora, blieben jedoch unvollendet. Nun ließen es Philipp V.

Santiago Bonavia und Francisco Sabatini, Aranjuez, Hauptfassade mit Seitenflügeln, 1748 und 1771

und Isabella Farnese zu einem grandiosen Palast mit üppigen Gartenanlagen auszugestalten. 1731 übernahm Santiago Bonavia die Leitung des Umbaus, der 1748 durch einen Brand zurückgeworfen wurde. Die Rekonstruktion unter Ferdinand VI. orientierte sich weitgehend an der Konzeption Herreras, die einen zweistöckigen Vierflügelbau mit akzentuierter Westfassade und Ecktürmen vorsah; die Seitenflügel wurden 1771 durch Francisco Sabatini angefügt (Abb. S. 60 unten). Bonavias Rückgriff auf die Architektur des 16. Jahrhunderts war sicher kein Zufall, sie lag in einer veränderten Legitimationsstrategie des zweiten Bourbonen auf dem spanischen Thron, der stärker als sein Vorfahre die hispanische Tradition der Dynastie beschwor.
Mitte des Jahrhunderts erfolgte der Ausbau der Schlossanlage zur heutigen Hofstadt mit geometrischem Straßennetz ebenso wie zum Schauplatz höfischer Feste. In den ausgedehnten Gartenanlagen wurde ein eigener Einschiffungsplatz für Wasseraufführungen eingerichtet. Zum Gesamtkomplex gehörten ferner die Kirche S. Antonio, ein kuppelbekrönter Rundbau mit geschwungener Arkadenvorhalle, sowie die unter Karl IV. errichtete Casa del Labrador, ein ehemaliges Bauernhaus, das im klassizistischen Stil zu einer kleinen Dreiflügelanlage ausgebaut wurde und die antiquarischen Sammlungen des Hausherrn aufnahm.

Filippo Juvarra und Giovanni Battista Sacchetti, Madrid, Palacio Real, 1735–64, Hauptfassade zur Plaza de las Armas (oben), La Granja, Gartenfassade 1734–36 (unten)

S. 62: **Fernando de Casas y Novoa,** Santiago de Compostela, Kathedrale, Fassade, 1738

Jaime Bort, Murcia, Kathedrale, 1742–54

Auch die Stadt Jaén leistete einen bedeutenden Beitrag zur andalusischen Barockarchitektur: Ab 1667 wurde ein Fassadenprojekt realisiert, das Eufrasio López de Rojas (gest. 1684) für die Kathedrale entworfen hatte. Die mächtige fünfachsige Front mit korinthischer Kolossalordnung geht auf Madernos St. Peter zurück. Die zeitgleich errichtete Kirche des Kartäuserklosters Nuestra Señora de la Defensión bei Jerez wirkt dagegen wie die barocke Umsetzung eines gotischen Schreins: Ihre Architekturauffassung sah das Ziel in der dekorativen Auflösung der Wand (Abb. S. 59 oben rechts). In den Werken Francisco de Hurtados (s. S. 64/65) und der Gebrüder Churriguera erreichte sie im 18. Jahrhundert ihren Höhepunkt.

Ähnlich wie Andalusien fand auch Galicien im 17. Jahrhundert zu einer eigenen, kreativen Architektur. Im Zentrum standen Santiago de Compostela und seine Kathedrale. Ab 1649 waren unter dem humanistisch gesinnten Kanoniker José de Vega y Verdugo ehrgeizige Baumaßnahmen eingeleitet worden, die in der Errichtung einer neuen Kathedralfassade durch Fernando de Casas y Novoa im 18. Jahrhundert ihren Höhepunkt fanden (beg. 1738; Abb. S. 62). Der Auftrag stellte höchste ästhetische wie konstruktive Anforderungen: Die neue Fassade sollte den romanischen Portico de la Gloria zugleich verdecken und schützen, musste daher möglichst lichtdurchlässig sein; darüber hinaus hatte sie die bereits begonnene barocke Freitreppe zu integrieren. Casas y Novoa löste diese schwierige Aufgabe meisterhaft: Er verbarg das romanische Portal hinter der von zwei Türmen flankierten dreiachsigen Front, die er durch riesige Fenster öffnete. Die lebhafte vertikale Gliederung durch übereinander gestellte Säulenordnungen, die Staffelung der Türme und Giebel, schließlich die filigrane Auflösung der Wand erinnerten die Zeitgenossen an Goldschmiedearbeiten, so dass sie dem Werk den Namen *fachada del obradoiro* verliehen.

In Zentralspanien gab die Künstlerfamilie der Churriguera der Barockbaukunst neue Impulse. Bezeichnenderweise war es eines ihrer architektonisch-skulpturalen Gesamtkunstwerke, das von dem ältesten der fünf Brüder, José Benito de Churriguera, geschaffene Retabel von S. Esteban in Salamanca, das wegen seines plakativen Gebrauchs seiner »salomonischen« Säulen, wegen seiner raumgreifenden Konzeption und seines überreichen Dekors wegweisend und typenbildend zugleich wurde (s. S. 170). Den Übergang zum Rokoko markiert die elegante Plaza Mayor in Salamanca (s. S. 57), ein Werk Albertos, des jüngsten der Brüder.

Als Beispiel für die Bautätigkeit im Levante sei die Kathedrale von Murcia angeführt (Abb. oben), deren raumgreifende, von vielfältigen Gliederungselementen »zersetzte« Fassade monumental und zierlich zugleich wirkt.

Die Kartausen von El Paular und in Granada

In den verschwenderisch dekorierten Innenräumen zweier Kartäuserklöster offenbart sich die eigenwilligste und großartigste Leistung des spanischen Spätbarock. Ihr Schöpfer ist Francisco de Hurtado Izquierdo (1669–1725), ein aus der Provinz Córdoba stammender Architekt, Bildhauer und Dekorateur. Seine aus klassischen Elementen abgeleiteten, jedoch prismatisch gebrochenen und vervielfältigten Dekorationsformen haben die andalusische wie die koloniale Barockarchitektur jahrzehntelang beeinflusst.

Hurtados erstes bahnbrechendes Werk ist der Umbau des Sagrario, des Allerheiligsten der Kartause von Granada (1702–20). Er konzipierte das Tabernakel als

überdimensionalen Schrein, dessen »Hülle« ein quadratischer, kuppelgewölbter Raum bildet. Für die Kartäuser von El Paular bei Segovia entwarf er 1718 einen weiteren, am Granadiner Vorbild orientierten Sagrario (Abb. S. 65). Das Allerheiligste besteht hier aus zwei Räumen; das Zentrum des ersten nimmt das aus Marmor und Jaspis gefertigte Tabernakel ein, ein mehrgeschossiges, über vier äußeren Pfeilern und einem inneren Stützenkranz entwickeltes Architekturcapriccio. Der dahinter liegende Raum wird durch Rundfenster über dem Kranzgesims erhellt; die Lichtführung inszeniert zusammen mit der Vergoldung der Retabel einen dramatischen Kontrast zu dem dunkleren Allerheiligsten. Das künstlerisch reifste, allerdings auch am schlechtesten dokumentierte Werk des andalusischen Barock ist die Sakristei der Cartuja in Granada: Der gedrungene, einschiffige Raum lebt von der überquellenden plastischen Ausgestaltung seiner Strukturelemente, der Pilaster, die trotz des üppigen Stuckdekors deutlich sichtbar bleiben (Abb. links).

Hurtados Kunst galt den nachfolgenden Generationen als Inbegriff des Verfalls; erst in den letzten Jahrzehnten begann eine objektivere Auseinandersetzung mit seinem Schaffen.

Francisco de Hurtado Izquierdo(?), Granada, Sakristei der Kartause, beg. 1732

S. 65: **Francisco de Hurtado Izquierdo und Teodosio Sánchez de Rueda,** El Paular, Sagrario des Kartäuserklosters Nuestra Señora del Paular, beg. 1718

Portugal

Eine nennenswerte barocke Bautätigkeit setzte in Portugal erst gegen Ende des 17. Jahrhunderts ein, als das Kolonialreich mit der Entdeckung der Gold- und Diamantenminen im fernen Brasilien einen schier unglaublichen Aufschwung erfuhr. Quasi über Nacht wurde das Land zur reichsten Macht der Welt und sein König, João V. (1706–50), zum umworbenen Mäzen. Der portugiesische Hof eiferte dem Vorbild Ludwigs XIV. nach, wobei er fehlende Tradition durch materiellen Glanz und käufliche Privilegien zu ersetzen suchte. João V. verprasste Geld und Gold in spektakulären Vorhaben und trieb Portugal am Ende seiner Herrschaft in den Ruin. Ein weiterer Schlag traf das Land 1755 mit dem großen Erdbeben, das weite Teile Lissabons dem Erdboden gleichmachte. Dies erwies sich jedoch als Chance für einen radikalen Neubeginn: Unter der Leitung des Ministers Pombal wurde Portugal zum Vorreiter der Aufklärung.

João V. wollte am Tejo ein zweites Rom und einen zweiten Vatikan errichten. Die detaillierten Pläne dazu lieferten ihm seine Gesandten vom Papsthof. Die Ambitionen des bigotten Herrschers gipfelten im Bau der Klosterresidenz Mafra (Grundsteinlegung 1717), die El Escorial an Größe übertrifft. Architekturzitate der bedeutendsten römischen Institutionen – St. Peter, S. Ignazio und Berninis Palaz-

Oben: **Braga, Bom Jesus do Monte,** 1784–1811, Kreuzweg und Kirchenfassade

Rechts: **Johann Friedrich Ludwig,** Mafra, Klosterresidenz, beg. 1717, Blick in den Narthex der Kirche

S. 66 oben: **Mateus Vincente und Jean Baptiste Robillion,** Queluz bei Lissabon, Palácio de Queluz, Ausbau ab 1747, Fachada de Cerimónia

zo Montecitorio – zeugen vom Selbstverständnis des Bauherrn. Leiter des Projekts war der Süddeutsche Johann Friedrich Ludwig (1670–1752), der nach Vorgaben aus Rom arbeitete. 1730 wurde die mit kostbarem Marmor ausgestattete Klosterkirche geweiht (Abb. rechts), die Arbeiten am Palast zogen sich bis in die 40er Jahren hin – bewohnt wurde er nie. Parallel zu Mafra lief die Planung der *patriarcal,* der Residenz und Kirche des Patriarchen, für die Filippo Juvarra nach Lissabon berufen wurde. Das Projek blieb ebenfalls unvollendet, da Juvarra Portugal wieder verließ. In den letzten Lebensjahren Joãos V. begann man mit dem Bau der Sommerresidenz von Queluz, die Mateus Vicente und der Gartenarchitekt Jean Baptiste Robillon zu einem Juwel des Rokoko ausgestalteten (Abb. gegenüber).

Im Norden, außerhalb des Hofes, entwickelte sich ab 1725 eine eigene architektonische Schule. Als ihr Gründer gilt Nicola Nasoni, ein Sieneser Maler, der in Porto mit der Igreja dos Clérigos seine eigentliche Bestimmung fand. Ein zweites Zentrum spätbarocker Architektur war Braga: Erzbischof D. Rodrigo de Moura Teles hatte die Stadt mit einem Kranz von Klöstern und Konventen umgeben. Spannendstes Monument ist das Santuário do Bom Jesus do Monte (1784–1811), dessen malerischen Prozessionsweg ein Skulpturenprogramm aus christlichen und pagan-antikischen Allegorien flankiert (Abb. links).

Architekturtheorie

Die systematische Auseinandersetzung mit den Grundlagen der Architektur begann in der Frührenaissance; sie ist Teil des Autonomisierungsprozesses der Künste. Leone Battista Albertis Traktat »De Re Aedificatoria« steht am Anfang einer langen Reihe theoretischer Schriften, die Formen und Funktionen der Baukunst zu ergründen suchten. Ihnen gemeinsam ist die Abhängigkeit von Vitruvs »Zehn Büchern über Architektur«, einem Werk, das in zahlreichen – unbebilderten – mittelalterlichen Abschriften und Übersetzungen kursierte. Über Sebastiano Serlio, Vignola und Palladio

François Blondel, Cours d'architecture, 1675–83, Frontispiz mit der Porte St-Denis in Paris

führt die Entwicklung ins anbrechende Barockzeitalter zu Vincenzo Scamozzi (1548–1616). Der weitgereiste Architekt und Gelehrte versuchte in seinem fragmentarischen Traktat »L'idea della architettura universale« (1615) die Summe architektonischer Theorie und Praxis am Ende des Renaissancezeitalters zu ziehen (Abbn. oben). Seine umfassende Kenntnis italienischer und auswärtiger Autoren ermöglichte ihm die akribische wissenschaftliche Behandlung mathematisch-geometrischer Verfahren, geographischer Voraussetzungen (die Italien deutlich bevorzugen) sowie typologischer und städtebaulicher Grundfragen. Großen Nachhall erzielte Scamozzis Auffassung von der Fünfzahl der Säulenordnungen, die er, im Gegensatz zu älteren Autoren, als gottgegeben darstellt (Abb. rechts).
Auch Guarino Guarini (1624–83) zufolge basiert Architektur zuvorderst auf Wissenschaft. Der gelehrte Theatinerpater, der als Philosoph und Architekt gleichermaßen gerühmt wurde, veröffentlichte verschiedene Traktate, unter denen die »Architettura civile« (posthum 1737 erschienen) der wichtigste ist (Abb. unten). Die darin enthaltenen Stiche kursierten schon vor ihrer Publizierung in ganz Europa. Im Unterschied zu Scamozzi gesteht Guarini der Architektur und damit auch den Säulenordnungen eine gewisse Wandlungsfähigkeit zu, die Antike ist nicht mehr die einzig normgebende Instanz. Dies erlaubt ihm, auch die lange verachtete Gotik einer Säulenordnung für würdig zu halten.
Selbst der Mathematiker François Blondel (1617–86), der

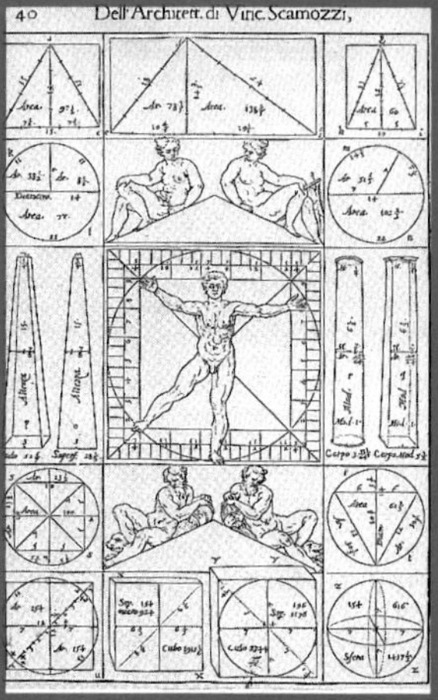

Vincenzo Scamozzi, L'idea della architettura universale, 1615, Die fünf Säulenordnungen (links), Vitruvianische Figur (rechts)

zum führenden Architekturtheoretiker des absolutistischen Frankreich aufstieg, forderte die Veränderung des Vitruv'schen Säulenkanons. Leitmotiv seiner Ausführungen sind die Naturgesetze und der *bon goût,* der Geschmack, den intelligente Menschen besäßen. Michelangelo erscheint ihm nicht nachahmenswert, heftige Abscheu überfällt ihn angesichts der Werke Borrominis und Guarinis. Blondel, der sich mit dieser Auffassung zum Verfechter eines akademischen Klassizismus machte und zahlreiche französische Autoren beeinflusste, wurde 1671 zum Direktor der Académie Royale d'Architecture ernannt. Zwischen 1675 und 1683 veröffentlichte er das Material seiner Vorlesungen in den fünfteiligen »Cours d'architecture«, die er Ludwig XIV. widmete. Blondel hinterließ wenige eigene Bauten. Als sein Hauptwerk gilt die Porte St-Denis in Paris, die die aus seiner Sicht schönsten antiken Architekturen in einem Triumphtor vereint.
Unter den deutschen Architekturbüchern dürfte Paulus Deckers (1677–1713) »Fürstlicher Baumeister«, 1711–13, das meist beachtete sein. Genau genommen handelt es sich hierbei nicht um einen Traktat oder eine theoretische Abhandlung, sondern vielmehr um ein spärlich kommentiertes Stichwerk, das Beispiele verschiedener repräsentativer Bautypen versammelt (Abb. S. 69 oben).

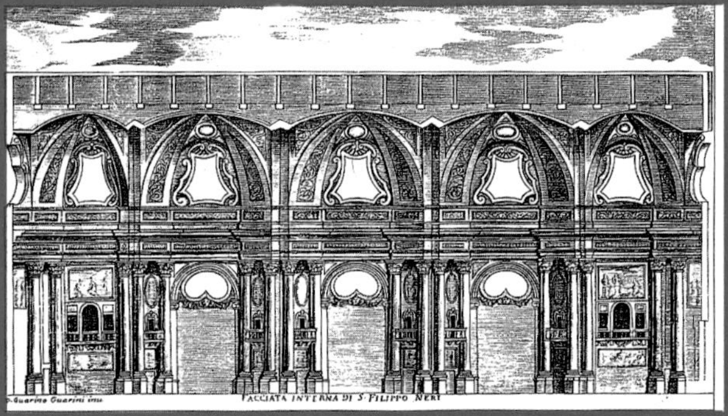

Guarino Guarini, Architettura civile (spätes 17. Jh), 1737 (Ed. Bernardo Vittone), Schnitt durch S. Filippo Neri in Turin

Paulus Decker, Fürstlicher Baumeister, 1711, zweiter Teil 1716, Königlicher Palast

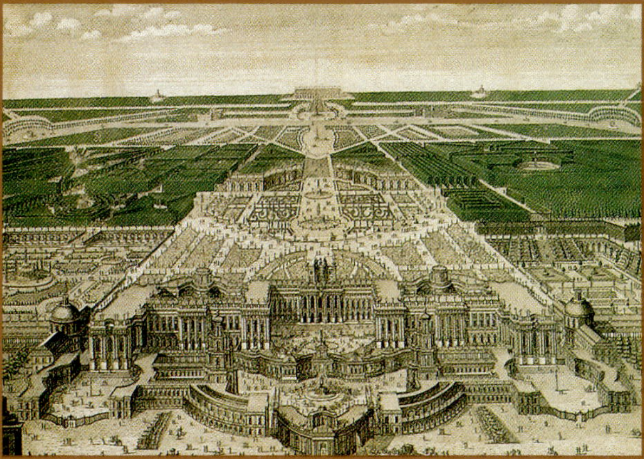

Nicht minder erfolgreich war Johann Bernhard Fischer von Erlachs »Entwurff einer Historischen Architektur« (beg. 1705, veröffentlicht 1721 in Wien). Auch dieses Werk ist kein Traktat, sondern »die erste vergleichende Weltgeschichte der Architektur« (Kunoth), sieht man von Scamozzis Ansätzen ab. In insgesamt fünf Büchern führt Fischer die bekanntesten Monumente des Orients und Ostasiens, Ägyptens, Griechenlands und Roms, einschließlich der Sieben Weltwunder und des Salomonischen Tempels, vor Augen und ergänzt diese um eigene Entwürfe und antike Vasen. Bedeutsam ist, dass Fischer von Erlach selbst Quellenstudien betrieb, um entlegene Bauten abzubilden oder zerstörte zu rekonstruieren. Sein eigenes Werk, das im vierten Band vorgestellt wird, reiht sich ein in die weltweite »Historische Architektur« und reklamiert die Kontinuität der römisch-habsburgischen Baukunst. Die hier gewählte Abbildung (links) zeigt den Berg Athos, aus dem Deinokrates, der Architekt Alexanders des Großen, die Gestalt eines Riesen herausmeißeln wollte.
Eine eigenwillige, die klassischen Architekturlehren relativierende Schrift ist dem spanischen Zisterziensermönch und Diplomaten Juan Caramuel de Lobkowitz (1606–82) zu verdanken, die »Arquitectura civil, recta y obliqua ...«. Der Universalgelehrte liefert in ihr eine komplexe Konstruktionstheorie, die auf mathematisch-perspektivischen Gesetzmäßigkeiten basiert. Von keinerlei Selbstzweifeln getrübt, äußert er Kritik an den bedeutendsten Architekten, u. a. an Michelangelo und Gianlorenzo Bernini, dem er die Umgestaltung der Säulen des Petersplatzes in Rom nahe legt (Abb. unten). Wegen seiner rigoros spekulativen, teils utopischen Art heftig kritisiert, steht der Traktat doch für eine wegweisende Freiheit im architekturtheoretischen Diskurs.
In England war es der »Vitruvius Britannicus« des Colen Campbell (1676–1729), der seine Zeit am stärksten prägte. In den drei zwischen 1715 und 1725 erschienenen Bänden wird Palladios Werk als Krone der Architektur gewürdigt, gleichzeitig bemüht sich Campbell, dessen Vorgaben punktuell zu verbessern und britischen Bedürfnissen anzupassen. Vor allem die Entwürfe für palladianische Landsitze garantierten den Erfolg der Publikation (Abb. links).

Oben: **Johann Bernhard Fischer von Erlach,** Entwurff einer Historischen Architektur, 1721, Der Berg Athos

Unten: **Colen Campbell,** Vitruvius Britannicus, 1715–25, Wanstead House I, London

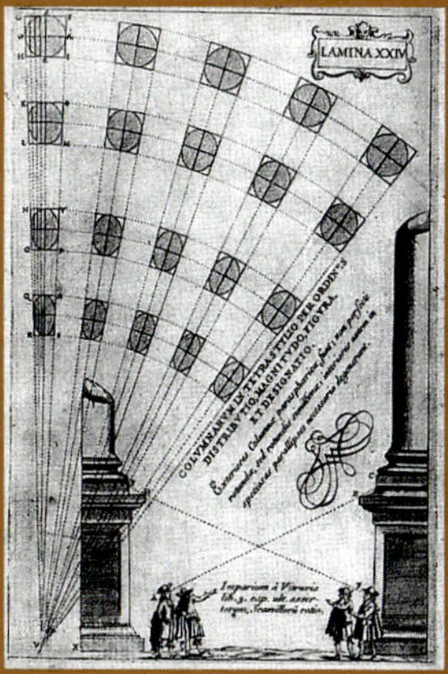

Juan Caramuel de Lobkowitz, Architectura civil recta, y obliqua, 1678, Korrektur der Kolonnaden des Petersplatzes

Frankreich

»Der Prunk und der Glanz, der Könige umgibt, ist Teil ihrer Macht.« Dieser Satz des Sozialtheoretikers Montesquieu liefert den Schlüssel zum Verständnis der französischen Staatskultur. Er erklärt ihren Erfolg und ihren Vorbildcharakter während des gesamten Barockzeitalters.

200 Jahre lang, von der Herrschaft Heinrichs IV. über die Epoche des Sonnenkönigs bis hin zur Französischen Revolution von 1789, verkörperten Wissenschaft und Künste die Errungenschaften der bourbonischen Monarchie. Wie seit der Antike nicht mehr wurden Städtebau und Architektur zum Ausdruck, ja zur Metapher absolutistischer Herrschaft. Dem zentralistischen Konzept der Staatsgewalt entsprechend bildeten Paris und der Hof den Kernpunkt der Entwicklung: Hier wurde die Baukunst zum Abbild einer hierarchisch strukturierten Gesellschaft. Zwei weitere Konstanten erwiesen sich als ebenso grundlegend für die französische Staatskunst: Die Orientierung an der klassischen Antike sowie das allen Zeitströmungen zum Trotz praktizierte Festhalten am Klassizismus als der für repräsentative Aufgaben am besten geeigneten Stilrichtung. Sie wurde auch über die Grenzen des Landes und der Epoche hinaus zur verbindlichen Darstellungsform absolutistischer Macht. Dem Rokoko, obgleich in Frankreich entwickelt, blieben fast ausschließlich dekorative Aufgaben.

Die Stadtanlagen Heinrichs IV. bildeten den Auftakt für den Höhenflug französischer Architektur. An den Maßnahmen orientiert, die Papst Sixtus V. zur Verschönerung Roms getroffen hatte, galt das Augenmerk einer »neuen« Stadt als Spiegelbild absolutistischer Herrschaft. Bereits das erste Projekt, die Place Dauphine zwischen Pont Neuf und Île de la Cité, zeugt von höchster theoretischer wie praktischer Reflexion: Die dreieckige Anlage wurde zum Ausgangspunkt eines Achsensystems, das die gesamte Stadt durchzieht. An zentraler Stelle erhebt sich das Standbild Heinrichs IV., das erste neuzeitliche Königsmonument.

Die Place des Vosges, die zweite Gründung des Königs, wurde zum Prototyp der *place Royale* (beg. 1605; Abb. gegenüber oben). Der viereckige Platz im Marais ist an allen Seiten von einheitlichen zweistöckigen Ziegelbauten über Portiken umgeben, betont sind lediglich die beiden Pavillons, der Pavillon

Vaux-le-Vicomte, Schlossgarten, Brunnen mit Kronenskulptur

S. 71 oben: **Paris,** Place des Vosges, beg. 1605

S. 71 unten: **François Mansart,** Schloss Maisons (Maisons-Lafitte), 1642–50

Unten: **Salomon de Brosse,** Paris, Palais du Luxembourg, 1615–24, Gartenfassade des 19. Jh. nach Vorbild des 17. Jh.

du Roi und der Pavillon de la Reine an den Schmalseiten.

Mit Ludwig XIII. setzte eine intensive Suche nach neuen Lösungen traditioneller Bauaufgaben ein: So errichtete Salomon de Brosse (1571–1626), Hofbaumeister und Spross einer bekannten Architektenfamilie, im zweiten Jahrzehnt des 17. Jahrhunderts drei große Paläste, die diese Bauaufgabe revolutionierten, darunter das Palais du Luxembourg in Paris (1615–24). Die ursprüngliche Konzeption des für Maria de' Medici errichteten, mehrfach veränderten Palastes zeigt einen *Corps de Logis* mit Eckpavillons, Seitentrakten und niedrigem Eingangsflügel, dessen Mitte ein überkuppelter Pavillon betont. Die Rustizierung der Fassaden verweist auf den Palazzo Pitti, den Stadtpalast der Medici in Florenz. Alle Baukörper sind streng und klar gegliedert, die Dachzone fasst ihre unterschiedlichen Kuben zusammen. Zwischen 1836 und 1841 wurde das Palais du Luxembourg durch Alphonse de Grisors beträchtlich erweitert (Abb. S. 70 unten). Auch das Innere erwies sich als innovativ: Die Eckpavillons enthielten vollständige Appartements mit unterschiedlichen Zimmern, eine Lösung, die spätere Raumkonzeptionen vorwegnahm.

François Mansart (1598–1666), wahrscheinlich ein Schüler oder Mitarbeiter von de Brosse, interessierte mehr die plastische Durchgestaltung der Fassade selbst. Sein Meisterwerk ist der Gaston-Trakt des Schlosses von Blois, den er 1635–38 schuf. Das Motiv des beherrschenden Mittelrisalits ist in Schloss Maisons – später Maisons-Lafitte –, einem Bau für den reichen Präsidenten René de Longueil, in noch plastischeren Formen gesteigert (beg. 1642; Abb. unten).

Louis Le Vau, Paris, Hôtel Lambert, 1640–44, Galerie d'Hercule (oben), Hoffassade

Louis Le Vau

Louis Le Vau (1612–70) gilt als der bedeutendste Architekt des »Louis-quatorze«. Sohn eines Pariser Baumeisters, kehrte er nach dem Studium in Genua und Rom in seine Heimat zurück und fand dort zu einer eigenen, die französische Barockarchitektur prägenden Formensprache.

Le Vau, der mit Vaux-le-Vicomte eine neue Ära im Schlossbau einleitete (s. S. 74/75), brillierte auch in anderen Bereichen, so im Hôtelbau. Das Hôtel, das Stadtpalais, war *die* bevorzugte Bauaufgabe im Frankreich des 17. Jahrhunderts: Adel und Großbürgertum wetteiferten in der Errichtung prunkvoller Domizile, die trotz ihrer privaten Bestimmung stets öffentlichen Charakter trugen. Die Einbindung des Baus in die oft unregelmäßige Stadtstruktur, die »Bequemlichkeit« der Raumabfolgen wurden ebenso zur Herausforderung des Architekten wie die repräsentative Ausstattung des Baus.

Innovatives Beispiel dieser Gattung ist das Hôtel Lambert (1640–44) auf der Île St. Louis. Le Vau entwickelte hier eine völlig neue Disposition, die die geringe Tiefe des Bauplatzes berücksichtigte: Statt wie üblich den Garten in die Achse Portal–Hof–Wohntrakt zu legen, verschob er ihn nach rechts, neben den Ehrenhof. Letzterer mündet mit abgeflachten Ecken in ein monumentales Treppenhaus, das – flankiert von ovalen Vestibülen – in die seitlich angelegte Galerie zwischen Garten und freie Landschaft führt. Im Dekor der Fassaden verbinden sich französische

Louis Le Vau und François d'Orbay, Paris, Collège des Quatre-Nations, 1662–72

Eleganz und römische Monumentalität miteinander. Eine übereinander gestellte dorische und ionische Ordnung bestimmt die Hoffront; durchlaufende Gebälke verklammern die Flügel. Das beherrschende Motiv ist der übergiebelte Treppenaufgang mit den frei stehenden dorischen Säulen des Untergeschosses (Abb. S. 72 unten). Die Fassaden zum Garten hin sind durch ionische Kolossalpilaster gegliedert, zwischen denen sich Fenstertüren öffnen – eine Erfindung Le Vaus, die zum Kennzeichen französischer Palastarchitektur werden sollte.

Eine weitere Steigerung des Dekors betrifft den Innenraum mit der Galerie d'Hercule; ihre 1654 mit Gemälden von Charles Le Brun und Reliefs von Van Obstal vollendete (und erhaltene) Ausstattung beschwört die Welt der Antike und die heroischen Taten des Herkules – Exempel für das Selbstverständnis des Pariser Adels (Abb. S. 72 oben).

Unter den Sakralbauten verdient vor allem der Kuppelbau der Kirche des Collège des Quatre Nations (1662–72, heute Institut de France) Erwähnung. Diese letzte Gründung Kardinal Mazarins, der bis zu seinem Tod 1671 die Staatsgeschäfte für den noch minderjährigen König Ludwig XIV. führte, diente gleichzeitig als Grablege des einflussreichen Staatsmannes. Le Vau gestaltete die zur Seine hin gewandte Hauptfassade ganz im Sinne des römischen Barock: Konkav ausschwingende Flügel rahmen den zentralen Kirchenbau mit seinem ovalen Innenraum. Die eindrucksvoll inszenierte Front des Bauwerks wird durch einen klassischen Portikus eröffnet und von einer hohen Tambourkuppel majestätisch überragt (Abb. oben).

Vaux-le Vicomte

Der Palast von Vaux-le-Vicomte bei Melun sorgte für einen einzigartigen Skandal: Der Bau, den der Hofarchitekt Louis Le Vau ab 1656 für den Oberfinanzintendanten Nicolas Fouquet ausführte, stellte alles in den Schatten, was bislang auf diesem Gebiet geleistet worden war – ein unverzeihlicher Affront gegen den König, den Fouquet letztlich mit seinem Leben bezahlen musste. Tatsächlich nahm Vaux-le-Vicomte Entwicklungen vorweg, die Ludwig XIV. in Versailles für sich beanspruchte.

Das in effektvoller Weise von Wassergräben umgebene Schloss liegt inmitten üppiger Parkanlagen, die André Le Nôtre, ein damals noch unbekannter Gartenarchitekt, entwarf. Seine Ausrichtung *entre cour et jardin*, zwischen Hof und Garten, stellte eine entscheidende Neuerung dar: Die Einbindung in den landschaftlichen Kontext, die sukzessive Erschließung des Palastes von den Wirtschaftstrakten über Ehrenhof und Vestibül bis hin zum großen Salon, schließlich die Öffnung zur Natur hin sollten zum Pflichtprogramm jedes repräsentativen Baus werden.

Auch im Inneren wurden bedeutende Neuerungen eingeführt: Das *appartement double* (gegenüber der einfachen Reihung,

der *enfilade* oder dem *appartement simple*) erlaubte eine Differenzierung der Räumlichkeiten sowie eine praktischere Erschließung. Öffentliche und private Sphäre ließen sich nun besser voneinander trennen. Die aufwändige Innenausstattung wurde dem Maler Charles Le Brun anvertraut, der wie Le Nôtre am Anfang einer glänzenden Karriere am Hofe Ludwigs XIV. stand.

Louis Le Vau (Architektur) und André le Nôtre (Gartenanlagen), Vaux-le-Vicomte, beg. 1656, Schloss mit Parterres

Sakralbauten in Paris

Die Entwicklung der französischen Sakralarchitektur verlief parallel zu der des Profanbaus, doch zunächst ohne vergleichbaren innovativen Schub. Nur langsam bildete sich eine eigene Form barocken Kirchenbaus in Frankreich aus; sie fand insbesondere in den beherrschenden Kuppelräumen ihre Vollendung.

Der erste bedeutende Sakralbau des Barockzeitalters in Frankreich, die vermutlich durch Salomon de Brosse errichtete Fassade von St-Gervais in Paris (1616–21; Abb. unten), steht noch ganz in der Tradition des 16. Jahrhunderts: Sie verbindet Elemente des französischen Palastes mit dem Pathos des römischen Frühbarock, wie sie Vignolas Gesù verkörpert. Der Höhenzug der dreistöckigen Front kontrastiert mit der Bodenschwere und der Plastizität, die dem römischen Vorbild nacheifern. Die effektvolle Staffelung verschiedener Motive sollte charakteristisch für den französischen Kirchenbau werden.

Links: **Salomon de Brosse oder Clément Métezau(?)**, Paris, St-Gervais, 1616–21

Jacques Lemercier, Paris, Eglise de la Sorbonne, beg. 1626, Hoffassade

Der italienische Einfluss auf den Sakralbau verstärkte sich mit Jacques Lemercier. Der 1585 geborene Architekt hatte sich zwischen 1607 und 1614 in Rom aufgehalten und dort die Werke Giacomo della Portas studiert; im Auftrag Ludwigs XIII. errichtete er den Pavillon de l'Horloge des Louvre (nach 1624). Neben zahlreichen Hôtels und Kirchen entwarf er für Kardinal Richelieu Schloss und Anlage der Idealstadt Richelieu (beg. 1631) und erbaute in Paris das Palais Cardinal (heute Palais Royal, beg. 1633).

Zum Meilenstein für die Entwicklung des barocken Klassizismus in Frankreich wurde ein anderer Auftrag Richelieus, die Eglise de la Sorbonne (beg. 1626; Abb. oben). Der von einer Kuppel dominierte Zentralbau erinnert im Grundriss an die Kirche S. Carlo ai Catinari in Rom, während in der Westfassade die Gliederung römischer Jesuitenkirchen aufgenommen ist. Eine

François Mansart und Jacques Lemercier, Paris, Val-de-Grâce, beg. 1645, Fertigstellung durch Pierre Le Muet und Gabriel Le Duc 1710

Ch. Gamard, Daniel Gittard, Paris, St-Sulpice, beg. 1646, Innenraum

andere Auffassung wird an der Hoffassade deutlich: Malerisch und kulissenhaft wirkt die Staffelung von Tempelfront, Triumphbogen, Walmdach und Tambourkuppel, eine ganz eigenwillige Verbindung von klassischen und barocken Elementen.

Als Votivkirche anlässlich der Geburt des Thronfolgers wurde ein weiterer Kuppelbau errichtet, Val-de-Grâce, begonnen 1645 von François Mansart, fortgeführt von Lemercier, vollendet 1710 durch Pierre Le Muet und Gabriel Le Duc (Abb. oben). Auch hier lieferte die römische Architektur die entscheidenden Anregungen, doch gelang Mansart, dessen Pläne Grundriss und Aufriss bis zum Gebälk bestimmten, eine erneute Steigerung ins Monumentale. Die hohe Tambourkuppel, die den Bau turmartig überkrönt, wird durch massive Pfeiler abgestützt. Auch in der Fassade erscheint das römische Schema in signifikanter Weise abgewandelt: Der an Carlo Madernos S. Susanna erinnernden Front ist ein frei stehender Portikus korinthischer Ordnung vorgeblendet.

Die zentralisierenden Kuppelkirchen verliehen dem französischen Sakralbau eine eigene barocke Ausdrucksform, dennoch lebten auch andere Strömungen fort. Exemplarisch sei die Pfarrkirche St-Sulpice angeführt, ein Bau, den Daniel Gittard (1625–86) nach Plänen von Ch. Gamard ab 1646 errichtete (Abb. oben). Hier ist einer in mittelalterlicher Tradition stehenden basilikalen Anlage mit Seitenschiffen, Querhaus und Chorumgang ein klassisches Gliederungskostüm übergeworfen.

Louvre und Invalidendom

1661 übernahm Ludwig XIV. selbst die Staatsgeschäfte. Seine Regierung wurde innerhalb weniger Jahre zum Exempel uneingeschränkter königlicher Herrschaft, der Hof des Sonnenkönigs zur glanzvollen Metapher des absolutistischen Weltbildes. Treibende Kraft dieser Staatskunst war der Oberintendant der Finanzen, Jean Baptist Colbert. Als Leiter der Königlichen Akademie für Malerei und Skulptur und *Surintendant des Bâtiments* kontrollierte er das gesamte Kunstschaffen.

Colberts vorrangige Sorge galt dem Ausbau des Louvre, dessen festungsartige Vierflügelanlage zwar vielfach erweitert und modernisiert worden war, jedoch keine repräsentative Fassade zur Stadt hin besaß. Dazu lieferten die renommiertesten italienischen Architekten Projekte, unter denen zwei Entwürfe Berninis in die engere Wahl kamen (Abbn. unten). 1665 reiste Bernini selbst nach Paris, um diese zu modifizieren. Auch sein dritter Vorschlag wurde verworfen, da er die distanzierende Macht des Absolutismus nicht geeignet verkörpere. Ausgeführt wurde die Ostfassade 1667/68 schließlich nach Plänen des Arztes und Mathematikers Claude Perrault: Ihr Charakteristikum ist die breit gelagerte Arkade korinthischer Doppelsäulen, die der Front pathetische Schwere verleiht (Abb. links). Die Entscheidung für Perraults klassisch-akademischen Entwurf bestimmte die künftige Ausrichtung der französischen Barockarchitektur.

Oben: **Claude Perrault,** Paris, Louvre, Ostfassade, 1667/68

Links: **Gianlorenzo Bernini,** 1. und 3. Entwurf für den Pariser Louvre, 1664 bzw. 1665

S. 79: **Libéral Bruant und Jules Hardouin-Mansart,** Paris, Invalidendom, 1677–1706

Den reifsten Bau des französischen Barock schließlich schuf Jules Hardouin-Mansart. Der 1706 geweihte Invalidendom, eigentlich die Verbindung des Langhauses einer Hospitalkirche mit einem Zentralbau, stellt eine großartige Synthese zweier Architekturelemente dar, des quaderförmigen Unterbaus mit Portalfront und der dominierenden, an St. Peter erinnernden Tambourkuppel (Abb. S. 79).

Seine Virtuosität und Organisationsfähigkeit prädestinierten Hardouin-Mansart gleichermaßen für städtebauliche Aufgaben. So konzipierte er zwei neue städtische Brennpunkte, die kreisförmige Place des Victoires und die Place Vendôme. Sein Stil blieb bis weit ins 18. Jahrhundert hinein verbindlich.

Musée
Rodin

Versailles

Das Versailles Ludwigs XIV. gilt als Inbegriff barocker Prachtentfaltung. Doch das Schloss mit seinen ausgedehnten Parkanlagen war weit mehr als das: Es verstand sich als perfekte Inszenierung absolutistischer Herrschaft, als Residenz eines Sonnenkönigs, dessen Leben und Wirken exemplarischen Charakter trug.

Der prunkvolle Ausbau des einstigen Jagdschlosses Ludwigs XIII. begann 1668. Mit Le Vau, Le Brun und Le Nôtre zog der König ebenjene Künstler heran, die bereits in Vaux-le Vicomte bahnbrechend neue – landschaftsbezogene – Konzepte entwickelt hatten. Vordringlichste Maßnahme waren die Ummantelung des Kernbaus, der sich nun mit einer weiten Terrasse zum Garten hin öffnete, die Festlegung des Achsensystems, schließlich die Anlage des weitläufigen Parks selbst (Abbn. unten und S. 81).

1677/78, anlässlich des Friedens von Nijmegen, beschloss Ludwig XIV. die Verlagerung der Residenz nach Versailles, ein Akt, der eine gigantische Neuplanung nach sich zog, da der gesamte Hofstaat ebenfalls zum Umzug gezwungen wurde. Mit der Durchführung wurde nun der 31-jährige Jules Hardouin-Mansart betraut. Er leitete in den folgenden 30 Jahren den Ausbau von Versailles, an dem bis zu 30 000 Arbeiter beteiligt waren.

Hardouin-Mansart schloss in einem ersten Schritt die Gartenfront, indem er anstelle der Terrasse die Spiegelgalerie einrichtete (1687 vollendet); sie steigerte den von Franz I. in Fontainebleau eingeführten Raumtypus

ins Monumentale. Le Brun konzipierte die Innendekoration mit allegorischen Bildzyklen, welche die Geschichte Frankreichs bis zum Frieden von Nijmegen illustrieren. Ihren Ruhm verdankt sie jedoch den 17 großformatigen Spiegeln, die das Sonnenlicht reflektieren und eine metaphorische Ausdeutung nahe gelegen (Abb. S. 85). An den Endpunkten der Galerie liegen die Salons des Friedens und des Krieges, in denen die militärischen Erfolge des Königs verherrlicht sind. Der alte Kernbau nahm die

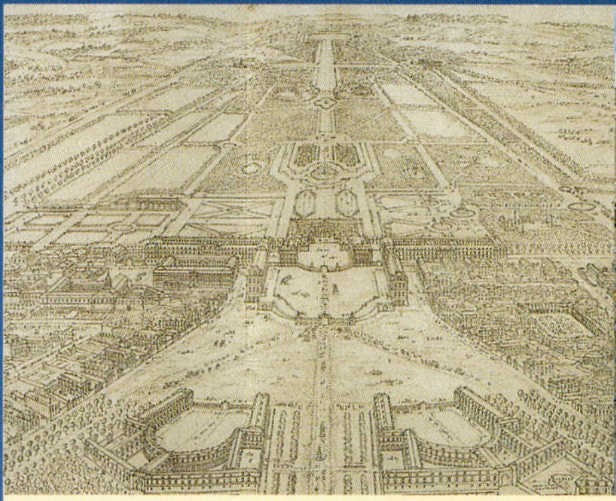

Versailles, Schloss und Gartenanlagen, Stich nach Israel Silvestre, Ende 17. Jh. (links), Säulenhalle des Grand Trianon, 1687/88 (Jules Hardouin-Mansart; rechts)

Louis Le Vau und Jules Hardouin-Mansart, Schloss Versailles, Gartenfassade, 1668/78

Die Inszenierung des Sonnenkönigs

Das Barockzeitalter liebte das Theater, seine Bühne war die Welt. Das ganze Leben wurde zur »Historie« oder zum Mythos, jeder Akt in der Öffentlichkeit zur Zeremonie, der Herrscher selbst schließlich »lebendes Bild« seiner gottgegebenen Majestät. Niemand verkörperte dieses Prinzip mehr als Ludwig XIV. Sein Hof sah sich als Spiegelbild des Kosmos, der König regierte als Jupiter, Apoll bzw. als alles überstrahlende Sonne,

Ludwig XIV. als Apoll, aus: Henri Gissey, »Le Ballet de la nuit«, 1653, Paris, Bibliothèque Nationale

Rechts: **Henri Testelin,** Colbert stellt Ludwig XIV. die Mitglieder der Königlichen Akademie der Wissenschaften vor, 1667, Öl auf Leinwand, 348 x 590 cm, Versailles, Schloss

als Förderer der Künste und des Friedens. Die antike Literatur lieferte den Topos: Bereits Vergil hatte in der »Bucolica« das Heranbrechen eines neuen, »Goldenen Zeitalters« unter der Herrschaft des Sonnengottes beschrieben. Ein komplexes Propagandasystem diente der Vermittlung metaphorischer Inhalte: Im bildlichen Bereich Historienbilder, Porträts, Denkmäler und Medaillen, im literarischen die Panegyrik. Wichtigstes Instrument jedoch wurde die Repräsentation des Königs selbst: Sein gesamter Tagesablauf war dem Wirken der Sonne gleichgesetzt. Jede Handlung, die Mahlzeiten, die Empfänge, der Spaziergang durch die Gärten wurden zum symbolischen Akt, zur Metapher seiner göttlichen Epiphanie. Bedeutendster Akt war das *lever,* das Sicherheben und -ankleiden des Königs. Ausführliche Anweisungen schildern jeden Schritt, jede Handreichung der Dienerschaft; für jede Eventualität hielt das Protokoll eine Vorschrift parat. So vergingen Stunden, bis der König das Bett verlassen hatte und vollständig angezogen war. Der Hofstaat wohnte jeder Handlung bei; die Nähe zum König garantierte ihm Teilhabe am Glanz des Firmaments. Das

Versailles, Schloss, Schlafzimmer Ludwigs XIV., nach 1701

Schloss und sein gesamtes Ausstattungsprogramm folgten diesem Konzept. In Versailles, der Residenz des Sonnenkönigs, war jeder Raum auf metaphorische Ausdeutung hin abgestimmt, eine private Sphäre gab es nicht. Im Herzen der Anlage, exakt über der Mitte der Cour de Marbre, genau in der Ost-West-Achse, lag das Schlafzimmer; es war zugleich Kultstätte und Machtzentrum. In direkter Nachbarschaft, der Grande Galerie, verherrlicht das Bildprogramm »die Geschichte des Königs«, während großformatige Spiegel das Sonnenlicht reflektieren. Die Abfolge der Gemächer und damit der Grad der Zugänglichkeit waren Teil des Zeremoniells; je höher ein Höfling in der königlichen Gunst stand, desto weiter durfte er in das Palastinnere vordringen. Den Auftakt des Parcours durch das Schloss bildete der Escalier des Ambassadeurs, die

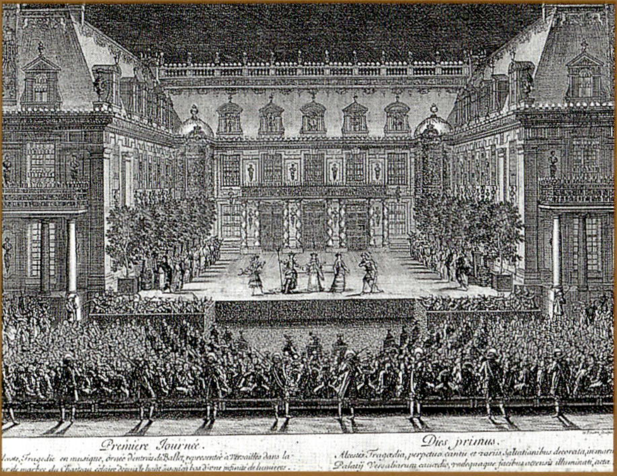

Israel Silvestre, Nächtliches Schauspiel in der Cour de Marbre, aus der Stichfolge der »Plaisirs de l'Île enchantée, Première Journée«, 1664

erste und bedeutendste Zeremonialtreppe des Barock. Der Aufstieg des Besuchers und das Entgegenkommen des Herrschers wurden auf ihr exemplarisch inszeniert. In den Grands Appartements führte der König die Staatsgeschäfte. Sie wurden in späteren Jahren dreimal wöchentlich einer begrenzten Öffentlichkeit für Spiel und Tanz zugänglich gemacht – eine Geste der »Volksnähe«.
Ebenso wichtig wurde der Park, der mit seinen lyrischen Installationen, den Lustbauten, Brunnen, Lauben und Skulpturen, die ideale Bühne für grandiose Feste abgab. Berühmt wurden die 1664 veranstalteten »Plaisirs de l'Île enchantée«, ein mehrtägiges Spektakel zu Ehren der Königin, bei denen der König selber als Ritter Roger mitwirkte. Höhepunkt war die Zerstörung des Palastes der Alcine, welche mit einem gigantischen Feuerwerk vorgeführt wurde. Zu solchen Anlässen errichtete man ephemere Bauten, die in dramatischen Aktionen eingenommen und in die Luft gesprengt wurden.

»Schau-Spiele« sind Inbegriff barocker Kultur, ob zur Belustigung des Hofes aufgeführt oder zur Beeindruckung des Volkes, das darin eine Fluchtmöglichkeit aus dem deprimierenden Alltag sah. In ganz Europa nachgeahmt wurden die *entrées solennelles* des französischen Königs, für die ausschweifende Szenarien und aufwändige Festapparaturen, meist hölzerne Triumphbögen, entworfen wurden. Der *trionfo* glich einem Regierungsprogramm: In ihm wurden auf spielerische Art transzendente Herrschaftsstrukturen, Modelle einer ideellen Welt, vermittelt: Die Tugenden siegten über das Laster, der Glauben über den Unglauben, die Ordnung über das Chaos.
Anlass für diese Inszenierungen waren profane und sakrale Feierlichkeiten: sie wurden mit aufwändigen Umzügen und entsprechenden architektonischen Installationen *(castra doloris)* gefeiert. Ebenso theatralisch beging man Kirchenfeste, etwa in den Prozessionen der Osterwoche oder an Fronleichnam. Das Provisorische der ephemeren Architektur, die zeitliche Bedingtheit des gesamten Spektakels wurden als Ausdruck der Vergänglichkeit interpretiert. Die in der Bildsprache verwendeten Allegorien verstanden auch Ungebildete; symbolische Handlungen, sprachliche und bildliche Metaphern dienten der allgemeinen Verständigung. Rhetorische Muster und emblematische Strukturen waren dem barocken Menschen vertraut, die inhaltlichen Konzepte erarbeiteten Künstler und Wissenschaftler gemeinsam. Die einzelnen Gattungen durchdrangen einander zum Gesamtkunstwerk.

Ephemerer Triumphbogen beim Brunnen von St-Gervais, Kupferstich aus der »Entrée Triumphante ...«, 1660

Hyacinthe Rigaud, Porträt Ludwigs XIV., 1701, Öl auf Leinwand, 279 x 190 cm, Paris, Musée du Louvre

Appartements Ludwigs XIV. auf: Im Zentrum wurde das Schlafzimmer des Königs eingerichtet, genau in der Ost-West-Achse, da ja sein Tageslauf dem der Sonne glich.

Die Räume der Le Vau'schen Ummantelung dienten im Süden als Appartements der Königin Marie-Thérèse, im Norden als Repräsentationsräume. Letztere, die Grands Appartements, wurden durch die (nicht erhaltene) Treppe der Botschafter und den Salon d'Hercule erschlossen.

Diesem dreiflügeligen Kern, der die alte Cour de Marbre umfasste, den Marmorhof aus der Zeit Ludwigs XIII., legte Hardouin-Mansart die quer gelagerten Nord- und Südtrakte vor. Sie schlossen einen zweiten Hof ein, die Cour Royale. Der Breitenzug dieser über 670 Meter sich erstreckenden Fronten wirkt noch heute überwältigend.

Oben: **François Mansart und Robert de Cotte,** Versailles, Schlosskapelle, 1689–1710

S. 85: **Jules Hardouin-Mansart und Charles Le Brun,** Versailles, Schloss, Spiegelgalerie, beg. 1679

Die Schlosskapelle, die dem Nordflügel angegliedert ist, gehört zu den eindrucksvollsten Zeugnissen der späteren französischen Barockarchitektur: Die von Hardouin-Mansart 1689 begonnene und 1710 von Robert de Cotte vollendete Emporenkirche vereint in ihrer Architektur antike, mittelalterliche und barocke Elemente; indem sie sich die Ste. Chapelle des hl. Ludwig zum Vorbild nahm, trug sie die bewusste Inszenierung des französischen Königtums zur Schau (Abb. links).

Der Park war fest in das Zeremoniell eingebunden. Er diente der Zerstreuung und bildete die natürliche Kulisse für die zahlreichen Festlichkeiten des Hofes. Auch hier findet sich innovative Architektur, so Hardouin-Mansarts Orangerie und das Grand Trianon (1687/88), ein Festbau mit offener Säulenhalle (Abb. S. 81 oben rechts). Seine heitere, italienische Vorbilder rezipierende Konzeption, seine auf *commodité* ausgerichtete Innenausstattung machten es zum Vorläufer einer verfeinerten, auf intimere Bedürfnisse zugeschnittenen Kultur. Fast 80 Jahre später ließ Ludwig XV. für seine Favoritin, Madame de Pompadour, als Gegenstück das Petit Trianon (1764–68) errichten. Jacques Gabriel, ein Schüler von Hardouin-Mansart, gab dem Bau klassisch-palladianische Formen.

S. 86 oben: **Pierre Alexis Delamair,** Hôtel de Soubise, Hoffassade, beg. 1704

S. 86 unten: **Germain Boffrand, Charles Joseph Natoire,** Hôtel de Soubise, Salon de la Princesse de Soubise, 1735

Emmanuel Héré de Corny, Nancy, Place Royale (heute Place Stanislas), 1752, Brunnen und schmiedeeisernes Gitter von Jean Lamour

Robert de Cotte und Joseph Massol, Straßburg, Palais de Rohan, 1731–42

Régence und Rokoko

Der Erbfolgekrieg hatte auch Auswirkungen auf die Architektur. Die königlichen Projekte schritten nur langsam voran, der Kreis der Auftraggeber verlagerte sich vom Hof auf den Adel, der von Versailles nach Paris zurückkehrte. Die Stadtpaläste, die von da an überall entstanden, setzten jedoch weniger auf pathetische Fassadengestaltung als auf eine »raffinierte« Innenausstattung und auf Komfort.

Wie sehr sich der Akzent verschob, lässt das Hôtel de Rohan Soubise erkennen: Während die Gartenfront noch ganz am Vorbild von Versailles orientiert ist (Abb. S. 86 oben), beschritt Germain Boffrand in der Gestaltung der Wohnräume neue Wege: Er entwarf mehrere Appartements, die durch Ovalräume miteinander verbunden wurden. Zu den schönsten seiner Zeit zählt der Prinzessinnensaal, den er mit Stukkateuren und dem Maler Charles Joseph Natoire vollendet ausgestaltete (Abb. S. 86 unten). Vergoldetes Stuckfiligran überzieht Wand und Decke; Paneele wechseln mit hochgezogenen Spiegeln, die den Raum optisch erweitern. Die Trennung von Wand und Decke ist aufgehoben.

Der neue Stil, der erst später »Rokoko« genannt wurde, setzte sich im zweiten Jahrzehnt des 18. Jahrhunderts durch, nachdem er eine Übergangsphase, die Régence (nach der Regentschaft des Duc d'Orléans), durchlaufen hatte (s. S. 144/45). Die Akademien hingegen hielten an der klassizistisch geprägten Staatskunst fest, so dass beide Stilrichtungen parallel existierten.

Einer der einflussreichsten Architekten dieser Zeit war Robert de Cotte. Er errichtete in Straßburg das Palais de Rohan mit seiner großartigen Fassade zur Ill hin (Abb. oben rechts). Zunehmend beanspruchten die Provinzen ihr Recht auf Eigenständigkeit. So verwandelte sich Nancy unter der Leitung von Emmanuel Héré de Corny in eine attraktive Residenz (Abb. oben links).

Gartenkunst

Wie kaum eine anderes Medium vermag die Gartenkunst die Spannungen des Barockzeitalters zu illustrieren: Verkörpert ihr axiales Alleensystem die fest gefügte Ordnung des Absolutismus, so entrücken Skulpturen, Brunnen und Staffagearchitekturen in eine Welt der Illusion. Das Szenarium ist kalkuliert: Der barocke Garten dient der Repräsentation, deren fester Bestandteil die Fiktion ist. Das »theatrum mundi« nutzt den Garten als Kulisse. Wie im Aufbau des Schlosses bleibt nichts dem Zufall überlassen: Jeder Weg, jedes Beet, jede Pflanze, jeder Wasserlauf gehorcht der Regie, selbst der Blick des Betrachters beugt sich der Inszenierung der Perspektiven. In Versailles erreichte die barocke Gartenkunst ihren einzigartigen Höhepunkt, der französische Garten wurde zum Inbegriff von Modernität und Kultur. Entscheidenden Anteil daran hatte André Le Nôtre (1613–1700; Abb. oben rechts), der der europäischen Gartenkunst eine neue Richtung zu geben vermochte.
Bis zum Wirken Le Nôtres waren die entscheidenden Impulse von Italien ausgegangen.

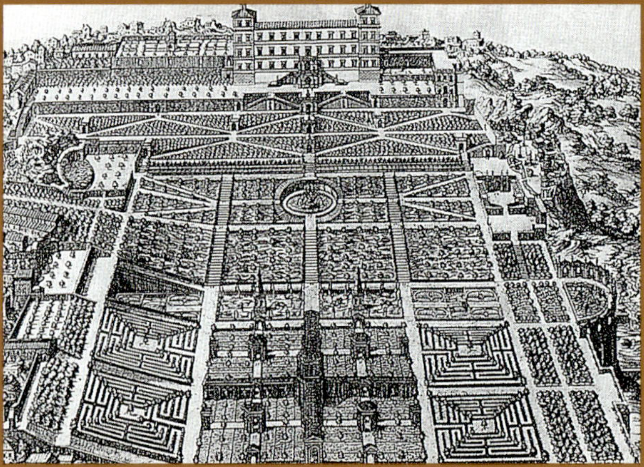

Die Sehnsucht nach Arkadien hatte während der Renaissance den Adel aufs Land gezogen, wo er einem neuen Lebensentwurf, der *villeggiatura,* frönen konnte. Die Harmonie von Natur und Kultur, die Einheit von Haus und Garten, die Einbindung in die Landschaft zählten zu den Charakteristika dieser neuen suburbanen Landsitze.
Als Meilensteine der Entwicklung gelten die Villa d'Este in Tivoli, die Pirro Ligorio für den Kardinal Ippolito d'Este ab 1560 errichtete (Abb. links), vor allem aber die Villa Borghese in Rom (beg. 1613).
Die Anlage orthogonaler Wegesysteme, von Terrassen und Treppen, die Integration von Wasserläufen, schließlich die regelmäßigen Baumpflanzungen in Bosketten als Übergang in die freie Natur wurden hier vorformuliert.
In Frankreich setzten sich die neuartigen Gartenkonzeptionen gegen Ende des 16. Jahrhunderts durch. Entscheidenden Anteil daran hatten Heinrich IV. und seine Gattin Maria de' Medici, die in St-Germain-en-Laye einen außergewöhnlichen Garten anlegen ließen, der sich über sechs Terrassen erstreckte. Grotten und hydraulische Wasserspiele ergötzten das Publikum. Der Jardin du Luxembourg, den Maria nach Heinrichs Tod gestalten ließ, weckte Erinne-

Carlo Maratta, Porträt des André le Nôtre, 1678, Öl auf Leinwand, 112 x 85 cm, Versailles, Schloss

Links: **Tivoli, Gesamtansicht der Villa d'Este,** Stich von Étienne Dupérac, 1573

Louis Le Vau (Architektur) und André le Nôtre (Gartenanlagen), Vaux-le-Vicomte, beg. 1656, Gartenfassade mit Parterres, 1653–60

rungen an die Boboli-Gärten des Palazzo Pitti in Florenz; gänzlich neu war die künstlerische Ausgestaltung der Parterres, deren Bepflanzung, einer Stickerei gleich, ornamental ausgerichtet wurde.
Einen »Quantensprung« erfuhr die europäische Gartenkunst mit der Berufung André Le Nôtres nach Vaux-le-Vicomte, dem Schloss des ehrgeizigen Finanzministers Ludwigs XIV., Nicolas Fouquet. Le Nôtre, Sohn eines königlichen Gartenbaumeisters, hatte zunächst das Studium der Malerei und Architektur ergriffen, bevor er sich der Gartenbaukunst widmete (Abb. S. 88). 1637 mit der weiteren Gestaltung des Tuileriengartens beschäftigt, wurde er 1653 zum *Dessinateur des jardins de sa Majesté* ernannt, 1657 zum *Contrôleur générale des bâtiments du Roi.* Zeit seines Lebens blieb er der oberste Landschaftsarchitekt Ludwigs XIV. Die Konzeption seiner Gärten und Parks traf in idealer Weise den Geschmack des Hofes und verkörperte das Weltbild des Barockzeitalters.
Der Park von Vaux-le-Vicomte bei Melun, den Le Nôtre ab 1661 gestaltete, geriet, ähnlich wie das Schloss selbst, zum bewunderten Prototyp einer neuen Repräsentationskultur (Abb. S. 88 unten). Fouquet war sich dessen wohl bewusst; während grandioser Feste führte er die Reize seiner Anlage dem Hof vor Augen – zu offensichtlich, denn der König fühlte sich düpiert und warf seinen Oberintendanten lebenslänglich ins Gefängnis. Louis Le Vau, der Architekt, Le Brun, der Maler, und Le Nôtre erhielten den Auftrag, dem König in Versailles ein noch großartigeres Gesamtkunstwerk zu schaffen.
Die Elemente, die in Vaux-le-Vicomte entwickelt wurden, sollten in Versailles in weit größerem Maßstab und mit noch zwingenderer Stringenz verwirklicht werden: die Einbettung des Schlosses in ein orthogonales Alleen- und Platzsystem, das sich in die Weite der Landschaft auszudehnen scheint, die Inszenierung von Sichtachsen, die Anlage von Terrassen, die dem Gelände folgen (Abb. oben). Broderieparterres, gesäumt von Bosketts, flankieren die Mittelachse, die in Versailles um ein bedeutsames Element bereichert ist, das *parterre d'eau* mit seinen schimmernden Wasserbassins und Fontänen, einer Art Pendant zur Spiegelgalerie im Inneren. Ein Querkanal trennt diesen *petit parc* vom *grand parc,* dessen Wege und Waldstücke die Achsen aufnehmen, dabei jedoch großzügig in die freie Landschaft überleiten. Der Blick, stets sorgfältig kalkuliert, schweift so vom Schloss über die gezähmte Natur in die Unendlichkeit.
Das Wasser spielt eine Hauptrolle im barocken Garten: Als Kanal gliedert es das Raumge-

Pierre Patel, Ansicht von Schloss und Garten von Versailles aus der Vogelschau, 1668, Öl auf Leinwand, 115 x 161 cm, Versailles, Schloss

André Le Nôtre und Jules Hardouin-Mansart, Versailles, Schlosspark, Latonabrunnen 1668/86

Daniel Marot, Het Loo, ab 1684, Rekonstruktion 1970–84

füge, als Kaskade bildet es Kulissen und Vorhänge, in den Grotten umspült es malerisch den Fels. Springbrunnen inszenieren großartige *points de vue* (Abb. S. 89 unten). Technische Meisterleistungen garantierten die Wasserversorgung und eine funktionierende Hydraulik: Als Wunderwerk galt die *machine de Marly,* ein System aus 257 Pumpen, das die Wasser der Seine über einen Aquädukt nach Versailles leitete.
Die Gärten von Versailles sind allerdings weit mehr als nur gestalterische und technische Meisterleistungen: Wie der Palast huldigen auch sie dem Mythos des Sonnenkönigs. Die gesamte Anlage gehorcht einem zwingenden ikonographischen Programm: Es deutet den Park zum Lichtreich aus, in dem Apoll, der Sonnengott und Musenführer, uneingeschränkt herrscht. Apolls Strahlen bilden die Achsen des Wegesystems. Das gesamte mythologische Personal der klassischen Antike tritt an seine Seite; Götter und Göttinnen, Nymphen und Tritonen, Cupiden und Faune beleben Parterres, Wasserspiele und Staffagearchitekturen. Die paradiesische Welt des Altertums steht in Diensten des Absolutismus: Der Garten von Versailles ist Zeugnis des universalen Anspruchs Ludwigs XIV. Niemals zuvor und danach verbanden sich künstlerische Schöpfung und intellektuelles Konzept sinnfälliger.
Bis zum Durchbruch des englischen Landschaftsgartens in der zweiten Hälfte des 18. Jahrhunderts blieb der französische Barockgarten das verbindliche Vorbild aller repräsentativen Gartenanlagen. Der Traktat »La Théorie et la Pratique du Jardinage« (von A. J. Dézallier d'Argenville, 1709) trug die Kunde seiner Vorzüge in alle Ecken Europas.
Einige exemplarische Stationen dieses Weges sollen im Folgenden erläutert werden. Ein sprechendes Beispiel, wie schnell und nachhaltig die französischen Ideen aufgegriffen wurden, ist der Schlossgarten von Het Loo bei Apeldoorn, den Prinz Wilhelm von Oranien ab 1684 anlegen ließ. Seit der Rekonstruktion des Parks 1970–84 (etliche barocke Gärten wurden im 19. Jahrhundert dem Verfall preisgegeben oder in Landschaftsgärten umgewandelt) erstrahlt die streng symmetrische Anlage in ursprünglicher Eleganz (Abb. oben). Vermutlich lagen der Ausführung Pläne der Pari-

La Perdrix, Der Melancholiker, 1680, Versailles, Schlossgarten

Oben und S. 91 unten: **Perronet, Martin Charbonnier u. a.,** Hannover, Schloss Herrenhausen und der »Große Garten«, 1666–1714, Stich von J. van Sasse, 1720 (oben), Parterres (S. 91 unten)

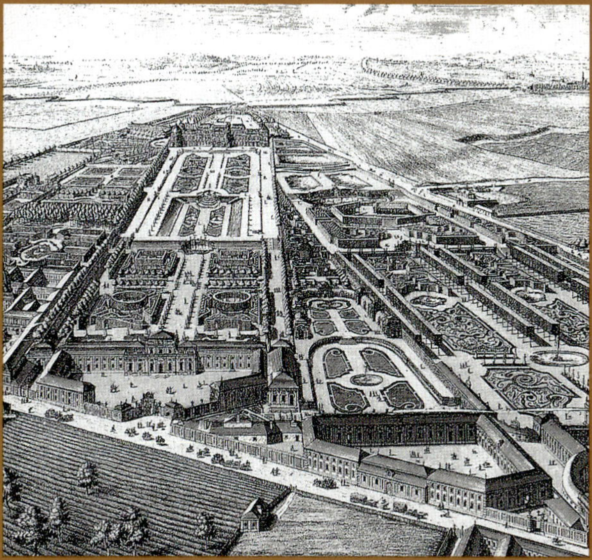

Links und oben: **Dominique Gerard,** Wien, Gartenanlagen von Schloss Belvedere, 1716

ser Architekturakademie zugrunde, später trat der Hugenotte Daniel Marot als Entwerfer auf den Plan. Drei Sphären bestimmen die kilometerweit in die Tiefe sich erstreckende Anlage: Zu Seiten des Palastes liegen der »Garten des Königs« (mit Ballspielplatz) und der »Garten der Königin« (mit Blumen in den Farben des Oranierhauses). Laubengänge und Pavillons laden hier zum Verweilen. Der an das Schloss anschließende »Große Garten« umfasst einen unteren und einen oberen Teil; er ist mit Parterres, Terrassen, Wasserspielen und Bosketten differenziert gestaltet. Das kunstvolle Arrangement ergänzt ein üppiges Skulpturenprogramm. Besonders aufwändig wurden in Het Loo die Broderieparterres komponiert, ihre Buchsbaumbänder zeichnen kunstvolle Ornamente.

In Wien unternahm es der kosmopolitische Feldherr Prinz Eugen, mit Ludwig dem XIV. in Sachen Gartenkunst zu rivalisieren. Neben Johann Lukas von Hildebrandt, dem er den Bau der beiden Belvedere-Schlösser anvertraute (s. S. 113/14), beauftragte er Dominique Gerard mit der endgültigen Ausgestaltung des dazu gehörenden Gartens. Gerard, ein Schüler Le Nôtres, gelang ein durchaus eigenständiges Werk: Die Hanglage geschickt ausnutzend, verbindet ein baulich wie sinnbildlich abgestufter Freiraum die Paläste des Unteren und des Oberen Belvedere (Abbn. oben). Der Besucher durchläuft intime Heckenbosketts mit Rasenparterres, passiert die untere Kaskade mit ihrer Grottenarchitektur, um dann auf die zweite Ebene aufzusteigen, die mit Wasserbassins und Statuengruppen ausgezeichnet wird. Die große Kaskade mit ihrem Reigen der Meeresgötter leitet schließlich zum Höhepunkt

der Anlage über, zum Oberen Belvedere. Garten und Architektur sind meisterhaft aufeinander abgestimmt: Die Stützmauern der Terrassen sind so angelegt, dass sie dem Ankommenden als Sockel des Oberen Belvedere erscheinen – ein szenographischer Kunstgriff, der grandioser nicht hätte inszeniert werden können.

Der Große Garten von Herrenhausen bei Hannover repräsentiert einen Typus, der für Niedersachsen und Nordostdeutschland verbindlich werden sollte. Auf Betreiben der Kurfürstin Sophie von Hannover angelegt, vereint er französische und niederländische Elemente (Abbn. S. 90 unten rechts und S. 91 unten). Das von einem Wassergraben umschlossene Areal ist axial ausgerichtet, halbkreisförmige und runde Plätze setzen Akzente. Gewächshäuser, ein Gartentheater sowie Sondergärten (*jardin secret,* Orangerie-, Feigen-, Melonen- und Obstgarten) variieren den klassischen Kanon.

La Granja bei Segovia gilt als das »spanische Versailles«. Tatsächlich verdankt der in die freie Landschaft übergehende Park mit seinem Achsensystem, den vielfältigen Parterres und dem üppigen mythologisch-allegorischen Programm viel seinem französischen Vorbild (Abb. rechts). La Granja genießt jedoch einen unschätzbaren Vorteil: Durch die Nähe der Sierra de Guadarrama verfügt der Ort über schier unerschöpfliche Wasservorräte, die die Hofkünstler Philipps V. (u. a. René Carlier und Étienne Boutelou) zur Errichtung üppiger Brunnen, Kaskaden und Fontänen anregten.

La Granja de S. Ildefonso,
Gartenanlage, 1721–28,
Herbstimpression

Inigo Jones, Greenwich, The Queen's House, 1616–35 Innenhöfe (links), Südfassade

England

Das Zeitalter des Barock beginnt in England mit der »Entdeckung« der Renaissance. Inigo Jones, eigentlich ein *picturemaker,* ein Landschaftsmaler und Bühnengestalter, unternahm um 1600 und 1613/14 eine Reise nach Italien (Venedig, Vicenza und Rom) und kehrte als glühender Verehrer der Architektur des Vicentiner Baumeisters und Architekturtheoretikers Andrea Palladio zurück. Jones war fasziniert von der schlichten Harmonie seiner von der Antike inspirierten Bauten; gleichzeitig regten ihn die Studien Palladios zur eigenen Erforschung des Altertums an. Die Leidenschaft für die klassische Architektur, die Jones mit dem Kunstsammler und Mäzen Thomas Howard Earl of Arundel teilte (dieser legte als Erster in England eine Antikensammlung an), prägte nicht nur sein eigenes Schaffen, sondern war auch bis in das späte 18. Jahrhundert hinein Leitmotiv der englischen Baukunst.

Die Entwicklung der englischen Architektur verlief in wesentlichen Punkten unabhängig vom gleichzeitigen Geschehen auf dem Festland. Sie lässt sich grob in drei Phasen einteilen: den Palladianismus, der etwa die ersten beiden Drittel des 17. Jahrhunderts bestimmte und vorrangig von Inigo Jones getragen wurde, den »eigentlichen« Barock im Umfeld von Christopher Wren, der sich nach dem großen Stadtbrand in London 1666 durchsetzte, sowie den Neopalladianismus des frühen 18. Jahrhunderts. Letzterer ist ebenfalls eng mit dem Namen einer Person verbunden, dem des Kunstliebhabers Lord Burlington. Das Studium der griechischen Antike führte gegen Ende des Jahrhunderts – wie auch auf dem Festland – zum Neoklassizismus. Das Rokoko blieb auf der Insel nicht mehr als eine flüchtige Episode.

Inigo Jones

Die Erfahrungen der Italienreise des Bühnendekorateurs Inigo Jones (1573–1652) und des Earl of Arundel leiteten eine grundlegende Neuorientierung der noch in spätmittelalterlich-manieristischen Formen befangenen englischen Architektur ein.

Queen's House, der Palast der Königin in Greenwich, dessen Grundstein 1616 gelegt wurde, verdeutlicht den abrupten Paradigmenwechsel: Es besteht aus zwei querrechteckigen Blöcken, die durch eine Brücke miteinander verbunden sind (Abbn. S. 94). Über dem rustizierten Untergeschoss erhebt sich das *piano nobile,* das sich zur Gartenseite hin in einer weiten Säulenloggia öffnet. Die Vorbilder für den Palast, der eigentlich eher eine *villa suburbana* darstellt, ein herrschaftliches Landhaus, sind unschwer zu finden: Die Medici-Villa von Giuliano da Sangallo in Poggio a Caiano, von gleicher Blockförmigkeit, öffnet sich mit einer Säulenloggia zum Park hin; und auch die Villen von Vincenzo Scamozzi variieren das Thema der Gartenfront in ähnlicher Weise.

Schnell folgten weitere bedeutende Aufträge: 1619 der Neubau des Banqueting House in Whitehall, 1623 Queen's Chapel, Jones' erster Kirchenbau, und schließlich Covent Garden, wo der Künstler auch in der Stadtplanung erfolgreich war. Für König Karl I. entwarf er Whitehall Palace, eine gigantische Palastanlage, die den Wirren des Bürgerkriegs zum Opfer fiel.

Es gab nur wenige Architekten, die aus dem Schatten von Jones hervortraten, unter ihnen Isaac de Caus, der Wilton House mit seinen eleganten kastenförmigen Repräsentationsräumen, »the Cube« und »the Double Cube«, errichtete (Abb. oben).

Inigo Jones und Isaac de Caus(?), Wilton House (Wiltshire), beg. 1632, 1647 nach Brand erneuert, Blick in den Innenraum »The Double Cube«

Oben: **Sir Christopher Wren,** Greenwich Hospital, beg. 1695

Links: **Sir Christopher Wren,** Hampton Court Palace, 1689–92

S. 97: **Sir Christopher Wren,** London, St. Paul's Cathedral, 1675–1711, Westfassade

Sir Christopher Wren

Erst mit Christopher Wren (1632–1723) konnte sich der Klassizismus römischer Prägung in England durchsetzen. Dieser Umschwung wurde durch zwei Faktoren begünstigt: zum einen durch den politischen Stimmungswechsel zugunsten des Katholizismus und zum anderen durch die verheerende Feuersbrunst im September 1666, die etwa vier Fünftel von London in Schutt und Asche legte.

König Karl II. beauftragte daraufhin Christopher Wren und dessen Kollegen Roger Pratt und Hugh May mit Vorschlägen für den Wiederaufbau und die Konzeption einer modernen Stadtanlage. Letztere wurde jedoch nicht ausgeführt, da Wrens Vorstellungen sich als nicht realisierbar erwiesen. Der Neubau von St. Paul's und 51 weiterer Kirchen jedoch sind im Wesentlichen sein Werk.

Die Auseinandersetzung mit dem Petersdom bestimmte den Neubau der Kathedrale von St. Paul's: Das so genannte Große Modell von 1673 misst sich mit Michelangelos überkuppeltem Zentralbau, zur Ausführung kam jedoch ein traditioneller Längsbau, dessen »Signet« die gigantische doppelschalige Vierungskuppel darstellt (Abb. S. 97).

Hampton Court, die Sommerresidenz des englischen Königshauses, entstand im Auftrag König Williams III. und seiner Gattin Mary zwischen 1689 und 1692 (Abb. oben). Die nur in Teilen realisierte Anlage ersetzte einen Palast der Tudorzeit.

Wrens letztes Werk ist Greenwich Hospital in Chelsea (beg. 1695; Abb. ganz oben). Nach dem Vorbild von Versailles sind die Trakte um mehrere hintereinander gestaffelte Höfe herumgruppiert, verbindendes Motiv bilden lang gestreckte Kolonnaden. Die Anlage wird von quergelagerten Stirnbauten malerisch abgeschlossen.

Vanbrugh und Hawksmoor

John Vanbrugh (1664–1726) und Nicholas Hawksmoor (1661–1736) steigerten Wrens Stil in noch monumentalere, aber auch wesentlich malerische Dimensionen. Die beiden ihrem Wesen und ihrem Umgang mit Architektur nach recht unterschiedlichen Charaktere hatten Wren beim Bau von Greenwich Hospital assistiert. Ab 1699 wurden sie mit der Errichtung von Castle Howard (1712 vollendet) betraut, einem Landsitz in North Yorkshire, zu dessen Planung Vanbrugh vom Earl of Carlisle eingeladen worden war (Abb. unten). Die Anlage *entre cour et jardin* besteht aus einem korridorähnlichen Apartment-Trakt, dessen Mitte der zum Garten hin geöffnete Salon, zum Hof hin die große quadratische Halle betonen. Letztere wirkt mit ihren angedeuteten Kreuzarmen und

S. 98 oben: **Sir John Vanbrugh,** Castle Howard (North Yorkshire), 1699–1712, Eingangshalle

S. 98 unten: **Sir John Vanbrugh und Nicholas Hawksmoore,** Castle Howard (North Yorkshire), 1699–1712, Gartenfront

Unten: **Sir John Vanbrugh und Nicholas Hawksmoore,** Blenheim Palace (Oxforshire), 1705–25, Eingangstrakt

der mächtigen Tambourkuppel wie ein Sakralraum (Abb. S. 98 oben). Konkave Arkaden leiten zu den Seitenfronten des Versorgungs- und des Stallflügels über. In ihrer additiven Konzeption und der malerischen Staffelung der einzelnen Elemente zeigt sich das Vorbild von Greenwich Hospital. In den Gartenarchitekturen experimentierte Vanbrugh mit »historischer« Architektur: Klassische Tempel dienten ebenso als Vorlage wie ägyptische Obelisken, türkische Kioske oder mittelalterliche Türmchen. Wegweisend für die Epoche der Romantik hingegen wurde das Mausoleum, das Hawksmoor als Grablege der Familie Howard 1729 erbaute.

Blenheim Palace (Oxfordshire, 1705–25) stellt eine weitere Steigerung im barocken englischen Schlossbau dar (Abb. unten). Der Palast, ein Geschenk der Königin an den Herzog von Marlborough nach dessen Sieg über Ludwig XIV., wurde von Vanbrugh begonnen, später aber wegen Streitigkeiten mit der Herzogin von Hawksmoor vollendet. Der gewaltige Komplex umgibt mit 275 Meter Länge und 175 Meter Tiefe einen großen Ehrenhof; große Halle und Salon liegen ähnlich wie in Castle Howard zentral in dessen Längsachse, in der Querachse befinden sich Kitchen Court und Stable Court mit den entsprechenden Einrichtungen. Anders als bei dem älteren Bau beruft sich die Architektur von Blenheim verstärkt auf englisches Erbe; auch im Dekorationsprogramm wird der nationale Charakter des Monuments zum Ausdruck gebracht.

Dem stagnierenden Kirchenbau gaben Vanbrugh und Hawksmoor mit stilistisch enorm vielfältigen Entwürfen neue Impulse.

William Kent, Holkham Hall (Norfolk), beg. 1734, Treppenhaus

Neopalladianismus

Die Vanbrugh und Hawksmoore nachfolgende Generation wandte sich mit Vehemenz von den Architekturvorstellungen Christopher Wrens und seiner Nachfolger ab, eine Entwicklung, die mit der Verschiebung der Machtverhältnisse zugunsten der Großgrundbesitzer und des gehobenen Bürgertums einherging. Entgegen dem römischen Pathos vieler Wren'scher Bauten war man erneut um ein Vorbild »founded in truth and nature«, um eine Architektur frei von schalen Äußerlichkeiten, bemüht.

Sicher wohl nicht zufällig erschienen 1715 und 1717 die beiden Bände des »Vitruvius Britannicus« mit Stichen klassischer britischer Bauten und mit der Übersetzung von Andrea Palladios »Quattro Libri dell'Architettura«. Beide Publikationen wurden von Colen Campbell herausgegeben; einige Jahre später, 1727, wurden die Zeichnungen von Inigo Jones in der Bearbeitung von William Kent veröffentlicht. Campbell und Kent gehörten zum intellektuellen Zirkel des Kunstliebhabers und Architekten Richard Boyle, des Dritten Earl of Burlington, der als eigentlicher Motor der neopalladianischen Bewegung angesehen werden muss. Ihr Ziel war die Rückkehr zu den »rechten und edlen Regeln«, die man in der Antike, in deren Interpretation durch Palladio und im Werk des Landsmannes Inigo Jones verwirklicht sah. Klassische Form und nationale Tradition bildeten somit die Parameter, die die englische Architektur für die nächsten Jahrzehnte bestimmten.

Richard Boyle, Dritter Earl of Burlington, Chiswick House (Middlesex), 1727–29, Eingangsfassade (links), Galerie (rechts). Mit Chiswick House bei London gelang Lord Burlington die perfekte Übertragung palladianischer Ideen ins 18. Jh.

Die Vorstellungen der *dilettanti,* der Kunstkenner um Lord Burlington, beeinflussten vor allem den Profanbau. Burlington selbst schuf das vollkommenste Beispiel neopalladianischer Architektur. Chiswick House in Middlesex (1727–29) steht schon wegen seiner bescheideneren Dimensionen den Villen des Veneto nahe (Abb. oben links). Der Grundriss, ein Quadrat, dem ein zentrales Oktogon eingeschrieben ist, erinnert an die »Rotonda« Andrea Palladios. Um den überkuppelten Mittelsaal herum gruppieren sich ineinander übergehende Räume; zur Gartenfront hin sind diese eingeschwungen, sie erweitern sich in Apsiden, in deren Nischen Statuen Aufstellung finden. Das Innere gestaltete Burlington nach Vorlagen von Inigo Jones, der freilich wieder Palladios Vorstellungen umgesetzt hatte (Abb. oben rechts).

Im Gegensatz zu diesem trotz allem Aufwand intimen Landhaus ist Holkham Hall in Norfolk (beg. 1734) die monumentale Umsetzung neopalladianischer Ideale. Der wohl ebenfalls auf Vorstellungen Burlingtons zurückzuführende Palastkomplex steigert Chiswick House ins Pathetische. Höhepunkt der Anlage ist die fast sakral wirkende Eingangshalle, deren von Säulen umrahmter Treppenaufgang in das *piano nobile* geleitet (Abb. S. 100).

Eine Ausnahmeerscheinung im neopalladianischen Ambiente des frühen 18. Jahrhunderts stellt der sehr individuell arbeitende James Gibbs (1682–1754) dar, ein gebürtiger Schotte. Er war zur Vorbereitung der Priesterlaufbahn 1703 nach Rom gegangen, trat dann aber bei dem viel beschäftigten Architekten Carlo Fontana in die Lehre. Bereits in seinem ersten Werk in England, St. Mary-le-Strand, greift er auf italienische, in diesem Falle manieristische Vorbilder zurück. Die Geschichte seines wichtigsten Werks, St. Martin-in-the-Fields in London (1721–26), belegt, wie frei sich Gibbs historischer Vorbilder bediente. Die eigenartige Kombination von Tempelfassade und steil aufragendem Kirchturm sollte für viele Pfarrkirchen der britischen

Inseln vorbildlich werden (Abb. oben links).

Radcliff Camera (1737–49) wiederum, die Bibliothek der Universität von Oxford, steht ganz in der Tradition des italienischen Manierismus. Der runde, überkuppelte Bau ruht auf einem rustizierten Sockel, gekuppelte korinthische Halbsäulen gliedern die Fassade (Abb. oben rechts). Die individuelle, wenngleich auch traditionellen Vorbildern verpflichtete Architektur von Gibbs fand in konservativen Kreisen reichlich Anhängerschaft; seine Publikationen, »A Book of Architecture« (1728) und »Rules for Drawing the Several Parts of Architecture« (1732), blieben bis in das 19. Jahrhundert hinein aktuell.

Bath, der wegen seiner Thermalquellen seit der Antike berühmte englische Badeort, wurde zum Paradefall des in die Landschaft eingebundenen Städtebaus. John Wood I. (1704–54) und John Wood II. (1728–81/82), Vater und Sohn, gestalteten zwi-

schen 1725 und 1782 das Innere der an den Ufern des Avon gelegenen Stadt nach den Vorstellungen des palladianischen Klassizismus. Rückgrat der Anlage sind drei monumentale Plätze, der quadratische »Queen Square«, der monumentale »Circus« mit seinen sternförmigen Einmündungen sowie der »Royal Crescent«, ein halbmondförmiger Komplex, der sich zur Weite eines Parkgeländes hin öffnet und von geschwungenen Verbindungswegen flankiert wird (Abb. oben). In dieser Hinwendung zur Natur werden Elemente wirksam, die fast gleichzeitig das Grundrepertoire des »Englischen Gartens« bestimmten.

John Wood II, Bath,
Royal Crescent, 1767–75

S. 102 links: **London,** St. Martin-in-the-Fields, 1721–26

S. 102 rechts: **James Gibbs,** Oxford, Radcliff Camera, 1737–49

Flandern und Holland

Flandern erlebte in der ersten Hälfte des 17. Jahrhunderts eine wirtschaftliche und kulturelle Blütezeit, die jedoch ungleich mehr die Bildkünste als die Architektur herausforderte; die Baukunst blieb traditionellen Schemata verhaftet. Der Grund hierfür lag in der starken Prägung durch die Gegenreformation, die im südlichen Teil der (noch) vereinten spanischen Niederlande ein Bollwerk gegen den Protestantismus errichten wollte. Das eigene gotische Erbe, die überaus langlebigen Dekorationsformen des Manierismus, schließlich Frankreich lieferten weitere Vorlagen, aus denen die südniederländische Baukunst schöpfte, ohne zunächst zu eigenständigen Lösungen zu gelangen.
Eine Ausnahme bildet das Haus des Peter Paul Rubens, der Antwerpener Wohnsitz des Künstlers, den dieser selbst entwarf (Bau 1611–16). Die dreiflügelige Anlage mit Hof und Garten ist völlig unregelmäßig und entzieht sich einer kunsthistorischen Einordnung. In den Fassaden und in dem festungsartigen Portikus werden Erinnerungen an die manieristische Architektur Italiens wach, die Rubens in seiner mehr als achtjährigen Tätigkeit jenseits der Alpen studieren konnte. Mehr als dieses bauliche Exempel sollte jedoch seine Stichfolge Genueser Paläste, »Palazzi di Genova«, 1622, der Profanarchitektur neue Impulse geben.
Mitte des 17. Jahrhunderts wandelte sich das Bild: Mit St-Loup in Namur, der Jesuitenkirche St. Michael in Löwen (1650–66; Abb. oben), mit St. Johann Baptist in Brüssel und St. Peter und Paul in Mecheln entstanden Sakralbauten, die eine äußerst üppige dekorative Ausgestaltung erfuhren. Symptomatisch für das Beharren in traditionellen Formen ist der Wiederaufbau des im Jahr 1695 durch französischen Beschuss zerstörten Brüsseler Marktplatzes. Die um 1700 neu errichteten Zunfthäuser sind ganz an ihren historischen Vorbilder orientiert (Abb. links).
Die Architektur der nördlichen Provinzen der bis 1648 unter spanischer Vorherrschaft stehenden Niederlande nahm eine völlig andersartige Entwicklung. Das Bekenntnis zum Calvinismus sowie die Entscheidung zur Gründung der Generalstaaten zogen die konfliktreiche Trennung von der habsburgischen Monarchie und damit die Loslösung aus dem Hl. Römischen Reich nach sich. Dies hatte nicht nur Bilderstürme, sondern auch eine grundlegende Neuorientierung des Sakralbaus zur Folge. Als mindestens ebenso bedeutsam erwiesen sich wirtschaftliche Faktoren: In den expandierenden Handelsstädten des zur führenden Seemacht heranwachsenden Landes wurde das Bürgertum zum wichtigsten Förderer und Auftraggeber der Kunst.

Willem Hesius u. a., Löwen, St. Michael, 1650–66

Brüssel, Fassaden an der Grande Place, um 1700

Jacob van Campen, Amsterdam, Rathaus (heute Königlicher Palast), beg. 1648

Den städtebaulichen Auftakt bildete der Ausbau Amsterdams, das sich ab 1612 mit dem »Dreigrachtengürtel« und dem strahlenförmigen Erweiterungsplan ein eindrucksvolles Denkmal setzte. Gerade Kanäle, baumbestandene Uferzeilen, parzellierte Grundstücke und Fassaden mit hoher Ziegelfront prägen bis heute das Stadtbild. Führender Architekt dieser Zeit war Hendrik de Keyser (1565–1621). Seine 1620 errichtete Westerkerk (Abb. unten links), noch mehr aber die im selben Jahr begonnene Noorderkerk (de Keyser oder Hendrick Staets) verkörpern das Ideal der calvinistischen Predigtkirche, wie sie für die gesamte protestantische Welt verbindlich werden sollte: Dominierendes Motiv ist der Zentralraum, dessen geometrische Elemente – Quadrat, Oktogon, Kreis oder griechisches Kreuz – in betonter Nüchternheit und systematischer Klarheit vorgeführt werden. In seinem Mittelpunkt stehen Kanzel und Taufstein, um die sich die Bestuhlung theatermäßig gruppiert.
Im Profanbau begannen ab 1620 klassische Strömungen den langlebigen Manierismus zu verdrängen; sie waren einerseits durch Frankreich, andererseits durch den englischen Palladianismus beeinflusst. Ihre Verbreitung ist vor allem auf Jacob van Campen (1595–1657) zurückzuführen, einen wohlhabenden Maler-Architekten, der vermutlich in Italien studierte. Das Mauritshuis (Abb. rechts) in Den Haag, das er 1633–44 für den Großneffen des Statthalters Frederick Hendrik, Johann Maurits von Nassau-Siegen, errichtete, wurde zum Vorbild zahlreicher anspruchsvoller Stadt- und Landhäuser: Den blockartigen, auf einem hohen Sockel ruhenden Bau gliedert eine übergiebelte ionische Kolossalordnung; an der Hauptfront ist sie als dreiachsiger Risalit ausgebildet. Der Kontrast aus hellem Haustein und dunkelrotem Ziegel, mehr aber noch das hohe Walmdach verleihen dem Palais eine holländische Note. Van Campens Meisterwerk ist das Rathaus von Amsterdam (heute Königlicher Palast), dessen Bau unmittelbar nach dem Schluss des Westfälischen Friedens 1648 begonnen wurde (Abb. links). Sein Grundriss zeigt ein queroblonges Rechteck, dessen Zentrum der monumentale, sakral wirkende Bürgersaal einnimmt. Sein Bildprogramm legt beredtes Zeugnis ab vom Selbstverständnis der Amsterdamer Bürger: Die Welt liegt zu Füßen der Stadt, die Götter verkünden den Ruhm der jungen Republik.
Gegen Ende des 17. Jahrhunderts setzte sich wie überall der Barockklassizismus französischer Prägung durch. Gefördert wurde dieser Prozess durch die Beschäftigung zahlreicher Hugenotten-Architekten, die nach der Aufhebung des Edikts von Nantes ihre Heimat verlassen hatten und dank ihrer hohen Qualifikation Anstellung an allen Fürstenhöfen fanden.

Hendrik de Keyser, Amsterdam, Westerkerk, 1620

Rechts: **Jacob van Campen,** Den Haag, Mauritshuis, 1633–44

Deutsches Reich

Die Anfänge

Mit einem Schlag öffnete sich das Deutsche Reich, das im Barockzeitalter weite Teile Mittel-, Mittelost- und Südosteuropas umspannte, den von Rom ausgehenden Stilvorstellungen: Die Jesuitenkirche St. Michael in München, eine Stiftung Herzog Wilhelms V. von Bayern, geriet zur machtvollen Demonstration gegenreformatorischer Tendenzen und führte den an der Antike orientierten Wölbungsbau nördlich der Alpen ein. Der Gründungsbau des deutschen Barock ist das Werk eines Unbekannten.

St. Michael verbindet die vereinheitlichende Raumstruktur des römischen Gesù mit der heimischen Wandpfeilerkirche; das mächtige, saalartige Langhaus wird von einer 20 Meter weiten Halbtonne überspannt, die auf den Querwänden und Quertonnen der flankierenden Kapellen und Emporen lagert. Viel einfallendes Licht und weißer Baudekor erheben das Innere zum strahlenden Festsaal. Die von zahlreichen Statuen geschmückte Fassade offenbart den Charakter eines Bürgerhauses – an ihr ist der Umbruch von der Renaissance zum Barock noch deutlich spürbar (Abb. unten links).

Das Thema der barocken Wandpfeilerkirche wurde in weiteren Jesuitenkirchen fortentwickelt, in Dillingen (1610–17), Eichstätt (1617–20) und Innsbruck (1619–21). Nach Ende des 30-jährigen Krieges erfuhr es seine Apotheose in der Architektur des Spätbarock.

Der Neubau des Doms von Salzburg, 1614 von Santino Solari begonnen, setzte andere Zeichen: Im Grundriss eine Verbindung von Kuppelbasilika und Dreikonchenanlage (Abb. S. 107 rechts) – wohl eine Reminiszenz an den romanischen Vorgängerbau –, liegt hier der Schwerpunkt auf der Ausstattung des Innenraums mit üppiger, die Architektur un-

terstreichender Stukkatur, ebenfalls ein Merkmal, das im 18. Jahrhundert zu höchster künstlerischer Reife geführt wurde.

Zu einem Meilenstein barocken Memorialbaus wurde das Mausoleum Ferdinands II. in Graz (Abb. S. 106 rechts), das Pietro de Pomis 1614 begann. Die aus einer kreuzförmigen Kirche und einem ovalen Kuppelbau bestehende Gebäudegruppe stellt einen ganz eigenständigen Versuch dar, mittelalterliche Bauaufgaben mit modernen Stilkonzepten zu vereinbaren.

Mit dem Augsburger Rathaus (Abb. unten links) schuf Elias Holl zwischen 1615 und 1620 den bedeutendsten Profanbau des deutschen Frühbarock. Der geschlossene Block ist im Äußeren bezwingend klar, fast nüchtern, wartet jedoch mit einem grandiosen Innenraum auf: Hinter der Fassade des dreiachsigen Mittelrisalits öffnet sich der über drei Stockwerke reichende »Goldene Saal« mit seiner kostbar dekorierten Holzdecke, zugleich einem Meisterwerk der Statik.

Dem fulminanten Auftakt barocker Architektur im Deutschen Reich gebot der Ausbruch des 30-jährigen Krieges jähen Einhalt. Die Krise, in die Mitteleuropa nach 1618 stürzte, verhinderte eine kontinuierliche Ausbildung des neuen Stils: Der Religionskrieg spaltete Europa in katholische und protestantische Lager; Kontraste regionaler, politischer und ökonomischer Art brachen auf. Die Folgen dieser Konflikte trugen nicht zuletzt die Künste. Nach dem Ende des Krieges dauerte es lange, bis die Voraussetzungen für größere Bauunternehmungen erneut geschaffen waren. Nun aber teilte sich das deutsche Territorium in den protestantischen Norden, der einen aus Frankreich und Holland importierten Klassizismus bevorzugte, und einen katholischen Süden, dem der italienische Barock näher stand.

S. 106 links: **München, St. Michael,** 1583–97

S. 106 rechts: **Pietro de Pomis(?),** Graz, Mausoleum Ferdinands II., südl. des heutigen Grazer Doms, beg. 1614, Fertigstellung des Innern durch J. B. Fischer von Erlach, nach 1687

Links: **Elias Holl,** Augsburg, Rathaus, 1615–20

Santino Solari, Salzburg, Dom, beg. 1614, Blick nach Osten in die Vierungskuppel und die anschließende Dreikonchenanlage

J. B. Fischer von Erlach und J. L. von Hildebrandt

Johann Bernhard Fischer von Erlach (1656–1723) und Johann Lukas von Hildebrandt (1668–1745) sind die führenden Barockarchitekten des Deutschen Reiches. In ihren Werken verbindet sich römisches Pathos mit malerischem Dekor, wie ihn die Wiener Gesellschaft bevorzugte. Ihr Schaffen hatte Auswirkungen auf das architektonische Geschehen in ganz Europa.

Obwohl von unterschiedlichem Temperament, hatten beide in Rom bei Carlo Fontana studiert, bevor sie sich in Wien niederließen: Fischer, der Grazer, 1686/87, Hildebrandt, in Genua geboren, 1701. Fischer trat schnell in Kontakt zum Hof, ab 1689 unterrichtete er den späteren Kaiser Josef I. in der Baukunst, 1696 wurde er als erster deutscher Künstler geadelt und führte fortan den Titel »von Erlach«. Er verfügte über eine umfassende Allgemeinbildung, die er im Umgang mit Gianlorenzo Bernini, mit dem Jesuitenpater Athanasius Kircher und mit dem Kunstgelehrten Pietro Bellori vertiefte. Die Frucht dieser Gelehrsamkeit ist die Abhandlung »Entwurff einer historischen Architektur« (verfasst ab 1705, erschienen 1721), die erste umfassende Baugeschichte der Welt, in der auch ägyptische, chinesi-

Johann Bernhard Fischer von Erlach,
Salzburg, Kollegienkirche, 1694–1707 (oben links),
Dreifaltigkeitskirche, 1694–1703 (oben rechts),
Wien, Karlskirche, 1716–37, Innenraum (links)

sche und andere »exotische« Monumente behandelt werden (s. S. 68/69).

Fischers frühe Bauten sind deutlich von den Werken Berninis und Borrominis geprägt: Seine drei Salzburger Kirchen, die Dreifaltigkeitskirche (1694–1702; Abb. S. 108 oben rechts), die Kollegienkirche (1694–1707; Abb. S. 108 oben links) und die Ursulinenkirche (heute St. Markus, 1699–1705) setzen sich aus klar definierten kubischen Körpern zusammen, die dynamisch in den Raum vorstoßen. Wie ihre römischen Vorbilder sind sie Teil städtebaulicher Inszenierung – ihr Auftraggeber, Erzbischof Johann Ernst Graf Thun, wollte Salzburg zum »Rom des Nordens« erheben.

Hildebrandts Stil zielte in eine andere Richtung: Während Fischer den Raum als Ganzes dynamisierte, belebte er die einzelnen Wandflächen in überaus gefälliger Weise und empfahl sich somit als Architekt der Régence und des Rokoko. Unter seinen Sakralbauten illustriert die Piaristenkirche in Wien (Entwurf 1698, Ausführung ab 1716; Abb. rechts) seine Vorstellungen.

In Wien standen beide Architekten einander in unmittelbarer Rivalität gegenüber. Obgleich Hildebrandt ab 1711 das Hofbauamt leitete, errichtete Fischer von Erlach mit der Karlskirche das emblematische Bauwerk der österreichischen Habsburger. Fischer ersann ein Konzept, das den Votivbau – die Kirche war anlässlich

Johann Lucas von Hildebrandt,
Wien, Piaristenkirche, Entwurf 1698, beg. 1716

des Pestjahrs 1713 gelobt – mit herrschaftlicher Repräsentation vereinen sollte, ein sakrales Monument der *pietas austriaca* (Abb. rechts). Den Bau dominiert die hohe Tambourkuppel, die das Oval des Innenraums überspannt. Malerisch ragt sie hinter einem klassischen Portikus auf, den zwei antikische Triumphsäulen sowie gedrungene Flankentürme rahmen. In den beiden Spiralsäulen offenbaren sich Anspielungen auf den Salomonischen Tempel wie auf die Säulen des Herkules, der Imprese des Hauses Habsburg. Die Fassade ist ein grandioses Beispiel vielschichtiger Architekturikonographie: Sie beschwört die politische Dimension des Reichs – seine antiken Wurzeln wie den Anspruch des Kaisers auf Spanien. Fischer von Erlach schuf hier, die Salzburger Kirchen spektakulär variierend, eine wirklich »historische Architektur«. Die breit gelagerte Front der Karlskirche ist allerdings eine majestätische Kulisse: Hinter ihrer ausladenden Geste verbirgt sich ein weitaus schmalerer Kirchenraum, ein Längsoval, das gleichwohl aufs Nobelste ausgestaltet ist (Abb. S. 108).

Johann Bernhard Fischer von Erlach, Wien, Karlskirche, 1716–37

S. 111: **Johann Bernhard Fischer von Erlach,** Wien, Hofbibliothek, 1723–35

Die Wiener Hofbibliothek, einer der großartigsten Innenräume des Barock und nach Wolfenbüttel das zweitälteste weltliche Beispiel dieses Typus, ist Fischer von Erlachs Alterswerk (Abb. S. 111). Die Bibliothek war ursprünglich als Teil eines grandiosen Umbaus der Hofburg geplant, den jedoch der Krieg gegen die Türken vereitelte. Nur sie wurde nach Plänen Fischers ausgeführt; nach dessen Tod 1723 vollendete sein Sohn Joseph Emanuel (1693–1742) die Arbeiten. Während das Äußere eine Hinwendung zur französischen Architektur erkennen lässt, wählte Fischer für den Innenraum einmal mehr die Grundform eines Tiefovals, das er schon im Sakralbau wirkungsvoll eingesetzt hatte. In der Hofbibliothek sind dem zentralen Kuppelraum zwei tonnengewölbte Säle angefügt, die den Kriegs- beziehungsweise den Friedenswissenschaften gewidmet sind. Korinthische Säulenpaare grenzen diese Flügel ab, das Motiv verweist erneut auf die Säulen des Herkules. Das komplexe allegorische Bildprogramm nimmt die Kriegs- und Friedensthematik der Bibliothekssäle auf; Daniel Gran führte es nach dem Konzept des Hofgelehrten Conrad Adolph von Albrecht aus. Das Programm gipfelt in der Verherrlichung Karls VI.: Sein Standbild als »Hercules Musa-

Johann Lukas von Hildebrandt, Wien, Stadtpalais Daun-Kinsky, 1713–16

Johann Bernhard Fischer von Erlach, Wien, Stadtpalais des Prinzen Eugen, 1695–98; Blauer Salon

rum« fand im Zentrum des Ovals Aufstellung, seine Apotheose ist Thema des Kuppelfreskos.

Auch in den Bauten für den Wiener Adel konkurrierten Fischer und Hildebrandt miteinander. Ein signifikantes Beispiel ist das Stadtpalais des Prinzen Eugen. Der Prinz hatte zunächst Fischer mit dem Bau seines Winterpalais in der Himmelpfortgasse betraut. Fischer entwarf den siebenachsigen Kernbau mit den Prunksälen, der plastisch akzentuierten Fassade und den mythologischen Portalreliefs (Abb. links). Seine epochale Leistung bestand in der Konzeption und Konstruktion des eleganten Treppenhauses. Skulpturen säumen den Aufstieg und verherrlichen die Taten des ruhmreichen Prinzen, der sich in den Kreis der Heroen einreiht – ein Motiv, das im Oberen Belvedere wieder aufgenommen wurde. Um das Jahr 1700 verfügte der Bauherr allerdings eine umfangreiche Planänderung und Erweiterung des Baus, die er nun Fischers Rivalen Lukas von Hildebrandt anvertraute.

Als Hildebrandts bedeutendster Stadtpalast gilt allerdings das Palais Daun-Kinsky, das zwischen 1713 und 1716 im Auftrag des Reichsgrafen Daun errichtet wurde. Der Architekt verzichtete hier auf den üblichen Mittelrisalit der Hauptfront; stattdessen betonte er den Eingang durch ein ausladendes konkaves Portal mit gesprengtem Giebel (Abb. S. 112 oben). Atlanten tragen das Gebälk, auf den Giebelfragmenten lagern allegorische Figuren und künden von den Tugenden des Eigentümers.

Das Belvedere

Prinz Eugen, Feldherr und Diplomat, war auch Kunstsammler und Mäzen. Nach seinem Sieg über die Türken bei Zenta (1697) ließ er sich in Wien zwei einzigartige Paläste errichten, das erwähnte Winterpalais, das von Fischer von Erlach begonnen und von Hildebrandt erweitert wurde, sowie das Sommerpalais Belvedere, für das Hildebrandt allein verantwortlich zeichnete. Die Terrassierung des hügeligen Geländes am Rennweg begann vor 1700, die Arbeiten am Unteren Belvedere erfolgten 1714–16. Das Palais ist als lang gestreckter Trakt angelegt, eine originelle Verbindung von Wohnsitz und Orangerie. Nur in den drei Mittelachsen besitzt es zwei Geschosse, hier erhebt sich der repräsentative Marmorsaal mit seiner üppigen allegorischen Dekoration.

Das Obere Belvedere war zunächst lediglich als architektonische Bekrönung der Parkanlagen geplant; was Hildebrandt jedoch 1721/22 ausführte, wurde zum Höhepunkt des europäischen Schlossbaus: Eine gewaltige Gebäudekulisse ragt am Ende des ansteigenden Terrains auf, seine Silhouette staffelt sich eindrucksvoll zum Mitteltrakt hin, der sich in Bogenstellungen zum Wasser hin öffnet. Reicher plastischer Schmuck ziert die Fassaden. Mit der Gruppierung selbständiger Baukörper hielt das französische Pavillonsystem Einzug in die deutsche Architektur.

Auch das Innere des kaum in die Tiefe sich erstreckenden Baus

ist grandios: Den Besucher empfängt ein mit Trophäen geschmücktes Treppenhaus, Auftakt des »Wunderwürdigen Kriegs- und Siegs-Lagers« des Prinzen, das der ganze Bau thematisiert. Von hier aus führt der Weg hinauf in den Großen Saal oder hinab in die *sala terrena,* deren Gewölbe kraftstrotzende Atlanten tragen.

Johann Lucas von Hildebrandt,
Wien, Oberes Belvedere, 1721/22,
Sala Terrena (rechts) und Treppenhaus (ganz rechts)

S. 116 und oben: **Johann Bernhard Fischer, Joseph Emmanuel Fischer von Erlach und Nikolaus Pacassi,** Wien, Schloss Schönbrunn, beg. 1696, Veränderungen 1735 und 1744/49, Große Galerie mit Deckenfresken von Gregorio Guglielmi, 1760 (S. 116), Gartenfassade (oben)

Schloss Schönbrunn

Wäre Schloss Schönbrunn nach den Vorstellungen Fischer von Erlachs errichtet worden, so hätte es sogar Versailles übertreffen sollen: Von 1688 datiert der Entwurf für ein Lustschloss in Hanglage, das »die Summe aller Herrschaftsarchitektur« bedeutet und den Ruhm Kaiser Leopolds I. in die Welt getragen hätte: eine weitläufige Palastanlage, von der aus der Blick bis Ungarn schweifen sollte. Allerdings mehren sich die Stimmen, die dieses grandiose erste Projekt in den Bereich der Idealplanung verweisen. Vielleicht waren es aber doch nur die leeren Staatskassen, die eine »bescheidenere« Lösung erforderten. Jedenfalls legte Fischer abgeänderte Pläne vor, die zwischen 1696 und 1713 realisiert wurden. Allerdings erfuhr auch dieser Bau, dessen Disposition in der »Historischen Architektur« überliefert ist, unter Kaiserin Maria Theresia starke Veränderungen; so wurde u. a. der zentrale Kuppelsaal Fischers durch den Einbau von Galerien zerstört. Die Gartenfassade präsentiert sich heute in der Bearbeitung durch Nikolaus Pacassi (Abb. oben). Die Inneneinrichtung stammt ebenfalls zum überwiegenden Teil aus der Epoche Maria Theresias; so ist die Große Galerie mit Fresken von Gregorio Guglielmi ausgestattet, die den Ruhm Österreichs und seiner Länder verherrlichen (Abb. S. 116).

Carlo Antonio Carlone und Jakob Prandtauer, Stift St. Florian, 1686–1724,
Marmorsaal, 1718–24 (oben,)
Treppenhaus, 1706–14 (links)
Das Stiegenhaus des Augustiner-Chorherrenstifts St. Florian zählt zu den anmutigsten seiner Art. Es wurde von Carlo Antonio Carlone begonnen und nach dessen Tod 1708 von Jakob Prandtauer weitergeführt. Prandtauers Schöpfung ist vor allem das große Palladio-Motiv in der Mittelachse.

Barockabteien in Österreich

Die Prachtentfaltung der Residenzen blieb nicht ohne Eindruck auf den Klosterbau: Die Prälaten bedeutender Abteien drangen auf Repräsentation und pflegten ein ähnliches Mäzenatentum wie weltliche Fürsten. Ein großartiges Beispiel dafür ist das Benediktinerstift Melk an der Donau, wo Abt Berthold Dietmayer in kongenialer Übereinstimmung mit seinen Architekten und Bildhauern ein barockes Gesamtkunstwerk entstehen ließ.

1701 beauftragte Dietmayer den Tiroler Bildhauer und Baumeister Jakob Prandtauer (1660–1726) mit dem Neubau der geschichtsträchtigen Klosterburg. Abt und Architekt schufen ein Ensemble, das in seiner landschaftlichen Einbindung, seiner Zweckmäßigkeit und seinem Traditionsbezug einzigartig ist: Die malerische Doppelturmfassade der Kuppelkirche ragt majestätisch über einem steilen Felssporn des Donautals auf (Abb. oben). Ihr ist ein Altan vorgelagert, der – architektonisch inszeniert – grandios den Blick auf die umgebende Landschaft freigibt. Nach Süden hin erstreckt sich die 240 Meter lange, auf Fernwirkung bedachte Front des Kon-

Jakob Prandtauer, Josef Munggenast, Melk, Benediktinerstift (links), Inneres der Kirche (oben)

vents. Hinter ihr verbergen sich der repräsentative Marmorsaal und die Kaiserzimmer, die für hochrangigen Besuch eingerichtet wurden. Die Nordfront der Felszunge nimmt die Bibliothek ein, deren opulentes Ausstattungsprogramm den Triumph der göttlichen Weisheit beschwört. Die beschwingte Architektur der Stiftskirche wird dagegen mit Szenen der Benediktsvita überhöht (Abb. oben). Diesem geistigen Zentrum im Westen stehen im Osten der weiträumige Prälatenhof sowie der Wirtschaftstrakt gegenüber. Den Angelpunkt des Stifts bildet die Prälatur, die Residenz des Abtes. Weder Dietmayr noch Prandtauer erlebten die Fertigstellung des ehrgeizigen Projekts; Abt Adrian Prieml und Prandtauers Schüler Josef Munggenast vollendeten das Werk.

Parallel zu Melk zeichnete Prandtauer auch für weitere bedeutende Klosterbauten verantwortlich, so beispielsweise für Kremsmünster und für das Stift St. Florian in Oberösterreich, wo er 1708–14 das offene Stiegenhaus des Baumeisters Carlo Antonio Carlone (1635–1708) vollendete und 1718–24 den prächtigen Marmorsaal errichtete (Abbn. S. 118).

Johann Michael Fischer, Benediktinerkirche Zwiefalten, 1738–65, Innenraum

S. 122/23: **Wiblingen bei Ulm,** Bibliothek des ehemaligen Benediktinerklosters mit Fresken von Martin Kuen, 1744

Barock und Rokoko in Schwaben

Der schwäbische Raum hat besonders im Kirchen- und Klosterbau Außerordentliches hervorgebracht. Wer einmal die Wallfahrtskirchen St. Peter und Paul in Steinhausen oder Unsere Liebe Frau in Birnau (Abb. S. 6) betreten hat, wird den überwältigenden, lichten Raumeindruck und das perfekte Zusammenspiel von Architektur und Dekoration kaum vergessen.

Der grandiose Aufschwung des südwestdeutschen Kirchenbaus ist vor allem den Vertretern der so genannten Vorarlberger Bauschule zu verdanken. Sie bestimmten in kongenialer Zusammenarbeit mit den Wessobrunner Stukkateuren das Baugeschehen der Region. Die Vorarlberger, die sich auf die »Auer Lehrgänge« beriefen, ein zweibändiges Musterbuch von ebenso theoretischem wie praktischem Inhalt, bevorzugten Wandpfeilerkirchen mit Kapellennischen und Emporen. Zwar entstammt dieser Typus letztlich der Jesuitenarchitektur des 16. Jahrhunderts, doch wird er nun im Sinne des Spätbarock abgewandelt. Kennzeichnend dafür ist die gleißend helle Stuckdekoration, die die Raumstruktur wirkungsvoll unterstreicht. Die deutliche Längsausrichtung der Bauten wich nach und nach zentralisierenden und schwingenden Räumen, die dem Stil des Rokoko entgegenkamen.

Die Stiftskirche von Weingarten, die Caspar Moosbrugger in Zusammenarbeit mit Donato Giuseppe Frisoni 1715–23 errichtete, ist Herzstück einer ausgrei-

Dominikus Zimmermann, Steinhausen, St. Peter und Paul, beg. 1727, Innenraum mit Deckenfresko von Johann Baptist Zimmermann, 1733 (links), Außenansicht (oben)

fenden Klosteranlage, die jedoch nicht gänzlich realisiert wurde. Sie zeigt die bei den Vorarlbergern beliebte Doppelturmfassade, ergänzt um eine konvex vorschwingende Mitte, wie sie Fischer von Erlach in Salzburg einführte. Die edlen Linien des Innenraums zeichnet weißer Stuck nach, seine Architektur wird durch die illusionistischen Deckenmalereien von Cosmas Damian Asam zum Himmelsraum erweitert.

Feierliches Weiß bestimmt auch die Wallfahrtskirche von Steinhausen, die ab 1727 an Stelle eines älteren Baus errichtet wurde. Dominikus Zimmermann (1685–1766) verlieh ihr die Form einer Längsellipse, der effektvoll zehn Freipfeiler eingestellt sind, um das freskierte Muldengewölbe zu tragen (Abbn. oben). In der Benediktinerkirche von Zwiefalten (1738–65) schuf Johann Michael Fischer (1692– 1766) »eine wahrhaft grandiose Raumfolge voll malerischen Lebens« (Georg Dehio; Abb. S. 120).

Die Summe der oberschwäbischen Bau- und Dekorationskunst wird in Birnau am Bodensee gezogen, wo Peter Thumb in Zusammenarbeit mit dem Bildhauer und Stukkateur Joseph Anton Feuchtmayer (1696–1770) ein verschwenderisch prangendes Gesamtkunstwerk gestaltete (Abb. S. 6).

Was für den Kirchenraum galt, wurde erst recht für die Klosterbibliothek, den Tempel der Wissenschaft, verbindlich. In Wiblingen bei Ulm ist neben der Wiener Hofbibliothek einer der eindrucksvollsten Bibliothekssäle seiner Zeit erhalten (Architektur Christian Wiedemann[?], Fresken Martin Kuen, 1744; Abb. S. 122/23).

Schweiz

Eine Vielzahl von Strömungen prägt die Schweizer Baukunst des Barock – konfessionelle wie regionale Gegensätze hinterließen vor allem im 17. Jahrhundert deutliche Spuren. Um die Wende zum 18. Jahrhunderts setzte sich der kraftvolle Spätbarock der Vorarlberger Bauschule durch, deren Kennzeichen Wandpfeilerkirche, Doppelturmfassade und architekturbezogene Stuckdekoration sind. Die Kollegiatskirche in Solothurn, die 1680–89 unter der Leitung des Jesuitenarchitekten Heinrich Mayer errichtet wurde, gab den Anstoß für die erfolgreiche Weiterentwicklung der Vorarlberger Baukunst in der Schweiz (Abb. rechts). Doch bereits in der Stiftskirche von Einsiedeln wurde die Wandpfeilerkirche in genialer Weise variiert: Caspar Moosbrugger (1656–1723) aus Au im Bregenzerwald ersann für ihren Neubau ein komplexes Raumgefüge, das unterschiedliche liturgische Ansprüche in sich vereint. Einsiedeln war eine bedeutende Wallfahrtsstätte und besaß mit der Schwarzen Madonna ein wundertätiges Gnadenbild. In der Kirche (Baubeginn 1719) gelang dem Architekten eine großartige Synthese von Zentral- und Längsraum: Hinter der ausschwingenden Doppelturmfassade öffnet sich ein Oktogon mit der Gnadenkapelle, ihm folgen der querschiffartige Predigt- sowie der lichtvolle Kuppelraum mit Cosmas Damian Asams monumentaler *Geburt Christi*. Ein illusionistisches Chorgitter trennt den öffentlichen Bereich vom Chor, einem eingezogenen Längsraum, der bereits durch Hans Georg Kuen 1674–80 angelegt worden war und durch den Einbau des Oberen Chors und der Sakristei um 1750 weiter verändert wurde (Abb. unten).

Moosbrugger wurde zu zahlreichen anderen Klosterneubauten herangezogen, u. a. arbeitete er im schwäbischen Weingarten, in Disentis und Muri. Seine Entwürfe für die Benediktinerkirche von St. Gallen (1721) wurden hingegen ebenso verworfen wie die Pläne anderer Architekten. Schließlich oblag es Peter Thumb (1681–1766), den Bau ab 1761 auszuführen. Wieder ist die Vereinigung von Langraum und Zentralbau das bestimmende Motiv, das nun auch den Außenbau prägt. Die Rotunde, die das Kirchenschiff mittig durchdringt, wird im Inneren jedoch kaum fassbar (Abb. S. 125 oben links): Die Wandpfeiler sind nahezu freigestellt, was den Eindruck überraschender Weite erzeugt. Die schwungvolle Doppelturmfassade entstand unter Mitarbeit des Bildhauers Joseph Anton Feuchtmayer, die Bibliothek mit ihrer kostbaren Ausstattung schufen Thumb, Gabriel Loser (Boiserien) und die Wessobrunner Johann Georg und Matthias Gigl (Stukkatur; Abbn. S. 125 oben rechts und unten).

Oben: **Heinrich Mayer,** Solothurn, Jesuitenkirche, 1680–89

Links: **Hans Georg Kuen, Kaspar Moosbrugger u. a.,** Einsiedeln, Benediktinerabtei, Neuplanung ab 1691, Bau ab 1719, Blick in den ab 1674 errichteten Chorraum der Stiftskirche

S. 125: **Peter Thumb,** St. Gallen, Stiftskirche, 1755–66, Innenansicht (links) und Äußeres (rechts), Bibliothek mit Inneneinrichtungen von Gabriel Loser (unten)

Barock und Rokoko in Bayern

Ähnlich spektakulär wie in Schwaben präsentiert sich die Architektur des Barock und Rokoko in Oberbayern. Auch hier wirkten Vorarlberger Baumeister und Wessobrunner Stukkateure gemeinsam. Eines der frühesten Zeugnisse ihrer Zusammenarbeit, St. Lorenz in Kempten, steht auf bayerischem Boden. Viel mehr aber als dies geradlinige Werk Michael Beers sollte der anmutige Stil Johann Michael Fischers die Entwicklung prägen: Die Stiftskirche von Dießen am Ammersee (1732–39) zeigt seine Meisterschaft im Komponieren lebhaft-eleganter Fassaden (Abb. S. 127 oben).

Die Gebrüder Cosmas Damian Asam, Architekt und Maler (1686–1739), und Egid Quirin Asam, Bildhauer und Stukkateur (1692–1750), sind zweifellos die begabtesten und vielfältigsten Künstler des deutschen, wenn nicht des europäischen Rokoko. In Rom ausgebildet, kehrten sie 1714 nach Bayern zurück, um dort vielerorts ihre szenographisch-mystischen Meisterwerke zu realisieren, in denen Realität und Illusion verschmelzen; im Zusammenklang aller Gattungen, unter Ausnutzung aller technischen und dekorativen Mittel schufen sie das, was später zum Inbegriff des barocken »Gesamtkunstwerks« erhoben wurde.

Von den vielen Arbeiten der Brüder können hier nur die wichtigsten aufgelistet werden, so die dramatische Inszenierung des hl. Georg und die Kuppelfresken in der Klosterkirche zu Weltenburg (1717–36; Abb. S. 127

Egid Quirin Asam und Cosmas Damian Asam, München, St. Johann Nepomuk, »Asamkirche«, 1733–46, Innenraum (oben), Fassade (rechts)

Die Asamkirche wurde als private Stiftung des Bildhauers Egid Quirin Asam neben dem Wohnhaus der Familie in der Sendlinger Straße errichtet. Ihr Innenraum präsentiert sich im Sinne Berninis als *theatrum sacrum,* als dramatisches Gesamtkunstwerk.

unten), das Altarwerk der Chorherrenstiftskirche zu Rohr (1717–25) sowie die »Asamkirche« (eigentlich Johann-Nepomuk-Kirche) in München, die als Privatkapelle und Grablege Egid Quirins diente und neben dem Wohnhaus der Künstlerfamilie in München errichtet wurde (1733–46; Abbn. S. 126). Als Münchner Hofbaumeister gestaltete François de Cuvilliés die anmutigsten Innenräume des bayerischen Rokoko, etwa das Jagdschlösschen Amalienburg im Park von Schloss Nymphenburg mit seinem verspiegelten Rundsaal (Abb. S. 145 unten).

Johann Michael Fischer, Dießen am Ammersee, Stiftskirche St. Maria, 1732–39

Cosmas Damian Asam, Weltenburg, Kirche der Benediktinerabtei, 1717–36, Blick in die Kuppel

Thema des Kuppelfreskos ist der Triumph der Kirche, der vor einer lichtdurchfluteten Architekturkulisse furios verbildlicht wird. Stukkierte Relieffelder mit Szenen aus dem Leben des hl. Benedikt und Figuren der vier Erzengel rahmen die illusionistische Szene. Am Kuppelreif erscheint Cosmas Damian Asam als Halbfigur und betrachtet lächelnd sein Werk.

Dominikus Zimmermann, Wies bei Steingaden, Wallfahrtskirche, 1745–54, Blick in Chor und Kuppel (rechts), Ansicht von Südwesten (unten)

S. 129: **Johann Michael Fischer,** Ottobeuren, Benediktinerabteikirche, Entwurf 1732, beg. 1748, Chor mit Stuckarbeiten von Johann Michael Feuchtmayer

Im Jahr 1738 geschah auf dem Hof der Wiesbäuerin ein Wunder: Die schlichte Holzfigur eines gegeißelten Christus brach in Tränen aus. Auf den bald darauf einsetzenden Pilgerstrom reagierend, entschloss sich das benachbarte Kloster Steingaden zum Bau einer Wallfahrtskirche. Ihre Konzeption wurde 1746 Dominikus Zimmermann anvertraut. Über annähernd elliptischem Grundriss aufgeführt, offenbart sie wie keine Zweite die Sinnlichkeit des Rokoko: Architektur, Stuck, Skulptur und Malerei vereinen sich zu einem schwerelosen, überirdisch anmutenden Ensemble.

Die Baugeschichte der Benediktinerabtei Ottobeuren reicht bis ins 8. Jahrhundert zurück und ist eng mit der Geschichte des Deutschen Reiches verbunden. Als man sich im 18. Jahrhundert zu einem barocken Neubau der Klosterkirche entschloss, wurden die berühmtesten Meister herangezogen, darunter auch Dominikus Zimmermann. Verwirklicht wurde jedoch der Entwurf von Simpert Kraemer, der ab 1748 durch Johann Michael Fischer – mit einschneidenden Veränderungen im Aufriss – verwirklicht wurde. Ottobeuren zählt zu den Hauptwerken des süddeutschen Spätbarock.

Balthasar Neumann

Vom Geschütz- und Glockengießer zum gefeierten Hofarchitekten – dies ist der Karriereweg von Balthasar Neumann (1687–1753), der wie kein Zweiter die deutsche Baukunst des 18. Jahrhunderts prägte. Sein Wirken ist untrennbar verbunden mit den Kirchenfürsten aus dem Hause Schönborn, für die er zeit seines Lebens arbeitete.

Erst mit 32 Jahren, 1719, übernahm Neumann seinen ersten Bauauftrag, die Schönborn'sche Grabkapelle am Würzburger Dom. Noch im gleichen Jahr übertrug Johann Philipp Franz von Schönborn dem technisch begabten, in der Architektur jedoch völlig unerfahrenen Artilleristen die Planung der Würzburger Residenz und vertraute ihm damit eines der größten und anspruchsvollsten Projekte seiner Zeit an (Abbn. rechts, unten und S. 130). Allerdings griffen die Mitglieder der weit verzweigten Familie Schönborn in jede Phase der Planung ein. Neumanns Entwürfe wurden auswärtig begutachtet, er selbst unternahm Studienreisen nach Paris und Wien. Maximilian von Welsch aus Mainz und der Wiener Hofarchitekt Johann Lukas von Hildebrandt lieferten eigene Vorschläge, die in die Ausführung einflossen.

Trotz des so komplizierten Planungsprozesses ist die Würzburger Residenz Balthasar Neumanns Werk; bis zu seinem Tod arbeitete er an dem glanzvollsten deutschen Schlossbau. Der Komplex lagert sich wie in Versailles um einen Ehrenhof; in der Mittelachse liegen das Vestibül mit der doppelläufigen Treppe, dahinter die ovale *sala terrena,* der Übergang zum Garten. Einzigartig ist das gewaltige, die gesamte Höhe des Schlosses einnehmende Treppenhaus (Abb. S. 130) mit seinem 32 x 18 Meter messenden Gewölbe, eine technische Meisterleistung. Geschmückt von den Fresken Giovanni Battista Tiepolos, überspannt es den prunkvollen Aufgang zum Kaisersaal. Ein künstlerischer Geniestreich ist auch die von schwingenden

Maximilian von Welsch, Johann Lukas von Hildebrandt, Balthasar Neumann und andere, Würzburg, Residenz, 1720–54, Mitteltrakt der Gartenfassade (oben), Hoffassade (unten), Treppenhaus mit den Deckenfresken von Giovanni Battista Tiepolo, 1735 bzw. 1751–53 (S. 130)

Formen beherrschte Hofkirche: Architektur, Skulptur und Malerei vereinen sich zu einem großartigen Szenarium.

Die repräsentative Ausgestaltung von Treppenhäusern beschäftigte Neumann mehrfach, unter anderem in Brühl bei Köln (s. S. 11). Spektakuläre Lösungen fand der schöpferische Ingenieur-Architekt auch im Kirchenbau. Die Wallfahrtskirche Vierzehnheiligen (1743–72; Abbn. unten) stellt eine geniale Notlösung dar, da Neumann die katastrophalen Fehler seines Bauleiters Gottfried Heinrich Krohne korrigieren musste. Bereits bestehenden Grundmauern stülpte er einen virtuosen Grundriss aus Ovalen und Kreisen über, deren Angelpunkt die Gnadenstätte mit dem szenographischen Altar der Nothelfer bildet. Aus ihrer ungewöhnlichen Lage vor der Vierung zog Neumann grandioses künstlerisches Potential. Ist Vierzehnheiligen ein Fest der Sinne, so handelt es sich bei Neresheim (beg. 1745) um ein Fest des Intellekts: Die in kühlem Weiß erstrahlende Abteikirche mit ihren schlanken, frei stehenden Säulen ist ein konstruktives wie ästhetisches Meisterwerk (Abb. S. 133). Der Bau blieb nach Neumanns Tod zunächst ungedeckt, da die Mönche keinem anderen die Wölbung in Stein anvertrauen mochten. Schließlich entschied man sich für ein Holzgewölbe.

Balthasar Neumann, Wallfahrtskirche Vierzehnheiligen, 1743–72, Fassade (oben) und Innenraum mit Gnadenaltar (links)

S. 133: **Balthasar Neumann,** Abteikirche Neresheim, beg. 1745, Innenraum und Blick in das Gewölbe mit Fresken von Martin Knoller, 1770–75

Schloss Weißenstein bei Pommersfelden

Lothar Franz von Schönborn konnte selbst für sein Lustschloss die bedeutendsten Architekten Europas gewinnen: Schloss Weißenstein bei Pommersfelden entstand zwischen 1711 und 1718 als kongeniale Planung von Johann Dientzenhofer, Maximilian von Welsch und Johann Lukas von Hildebrandt, dem Architekten von Schloss Schönbrunn in Wien. Der kaiserliche Bau lieferte denn auch das Vorbild, an dem sich der inzwischen zum Kurfürsten gewählte Schönborn zu messen gedachte. Architektur und Ausstattung des *corps de logis* mit der großartigen dreiläufigen Treppe, der als Grotte gestalteten *sala terrena,* dem Vestibül und dem prachtvollen Marmorsaal huldigten dem Auftraggeber und setzten Maßstäbe, wie sie bis dahin unbekannt waren (Abbn. unten und S. 135).

Johann Dientzenhofer und Johann Lukas von Hildebrandt, Schloss Weißenstein bei Pommersfelden, 1711–18, Hofansicht (links), Treppenhaus (rechts) und Deckenfresken (unten) von Giovanni Marchini und Rudolf Byss

Die Architektenfamilie Dientzenhofer

Das oberbayerische Flintsbach am Inn ist Heimat der Familie Dientzenhofer, aus der fünf begnadete Baumeister hervorgingen. Mangel an Aufträgen, Wanderschaft und Heirat führten die Söhne und Enkel des Maurers Georg Dientzenhofer vor allem nach Böhmen, Franken und in die Oberpfalz, wo etwa 250 Bauwerke mit ihrem Namen verbunden sind. Aus italienischen Vorbildern schöpfend, entwickelten sie einen unverkennbaren eigenen Stil, der der Barockarchitektur zwischen Bamberg und Prag zu Weltgeltung verhalf.
Georg Dientzenhofer (1643–89) ist der älteste der Baumeistersippe. Zunächst in Prag mit seinen Brüdern Christoph, Leonhard und Johann nachweisbar, ließ er sich um 1682 in Waldsassen nieder und errichtete dort die Wallfahrtskirche Kappel, ohne Entlohnung, als Dank für den »sehr gedemüthigten Türckischen Hochmut« (1685–89; Abb rechts). Sie ist ein Musterbeispiel symboltragender Architektur: Der dreipassförmige Grundriss verweist auf das Patrozinium der Heiligen Dreifaltigkeit. Wesentlich römischer erscheint Georgs Formensprache in der Fassade der Jesuitenkirche St. Martin zu Bamberg (1686–90), ein Werk, das den barocken Ausbau der Bischofsstadt einleitete. Ebenfalls in Bamberg wirkte Leonhard Dientzenhofer (1660–1707), dem Teile der Neuen Residenz sowie die Benediktiner-Klosterkirche St. Michael zuzuschreiben sind.
Christoph Dientzenhofer (1655-1722) blieb als einziger der Brüder zeit seines Lebens in Böhmen. Seine Hauptwerke, St. Niklas auf der Prager Kleinseite (beg. 1703) und die Klosterkirche St. Margarethen in Břevnov (1710–15) offenbaren mit ihrer bewegten Raumstruktur, der kunstvollen Gewölbekonstruktion und der lebhaften Fassadengliederung gründliche Kenntnis der Werke Guarino Guarinis. Mit seinem Sohn Kilian Ignaz (1689–1751) arbeitete Christoph im Prager Loreto-Kloster, in dem die *Casa Santa,* das Abbild des Hauses Mariens in Nazareth, verehrt wird. Der Legende nach war es von Engeln in das italienische Loreto getragen worden. Dem großzügigen Baukomplex, an dem ab 1626 gearbeitet wurde, stellten Vater und Sohn die elegante spätbarocke Fassade voran (1721; Abb. links), Kilian Ignaz vollendete 1735 die reich dekorierte Geburtskirche im hinteren Teil der Anlage.

Georg Dientzenhofer, Kappel bei Waldasassen, Wallfahrtskirche, 1685–89

Christoph und Kilian Ignaz Dientzenhofer, Prag, Loretokloster, Fassade, 1721

Johann Dientzenhofer,
Banz, Benediktinerkloster, Innenansicht der Kirche, 1710–19

Johann Dientzenhofer,
Fulda, Dom, 1704–13

Johann Dientzenhofers (1663–1726) Laufbahn begann wie die seiner Brüder in Prag. Über Waldsassen führte ihn der Weg nach Bamberg und dort in Kontakt zu dem mächtigen Fürstbischof Lothar Franz von Schönborn, der ihm eine Studienreise nach Italien ermöglichte. Nach seiner Rückkehr ernannte der Fürstbischof ihn zum Stiftsbaumeister in Fulda und 1711 zum Hofbaumeister in Bamberg. Der Dom zu Fulda, den Johann Dientzenhofer zwischen 1704 und 1713 errichtete, zählt zu den großen deutschen Kirchenbauten in der Nachfolge des römischen Gesù (Abb. oben rechts). In Banz treten die böhmischen Erfahrungen seiner Familie und damit auch die Einflüsse Guarinis stärker hervor. In der hoch über dem Mainufer gelegenen Klosterkirche spielt der Baumeister virtuos mit der Dynamik des Raumes: Die Joche des Grundrisses sind gegen die Joche der Wölbung versetzt, der Raum scheint in sanften Schwingungen zu verharren (1710–19, Abb. oben). Ab 1711 wirkte Johann Dientzenhofer am Bau der Sommerresidenz Schloss Weißenstein bei Pommersfelden; obwohl Johann Lukas von Hildebrandt und Maximilian von Welsch in den Planungsprozess eingriffen, gilt die Konzeption des in einer offenen Hufeisenform angelegten Schlosses im Wesentlichen doch als sein Werk (1711–21; s. auch S. 134–35). Christoph Dientzenhofers Sohn Kilian Ignaz (1689–1751) gehört auch künstlerisch einer neuen Generation an. Mitarbeiter seines Vaters in Prag, übersetzte er dessen guarinesken Stil ins Spätbarocke, Bildhafte. Reisen nach Wien in den 20er Jahren des 18. Jahrhunderts und eine Ausbildung bei Lukas von Hildebrandt vermittelten ihm die Kenntnis des österreichischen Villen- und Palaisbaus. Ein deutliches Zeugnis dieser Erfahrungen legt die Villa Amerika ab, die er 1717–20 am damaligen Stadtrand von Prag aufführte (Abb. links). Von Kilian Ignaz' unzähligen Kirchenbauten seien vor allem die späteren Werke erwähnt, etwa die Magdalenenkirche in Karlsbad (1732–37) oder St. Johann Nepomuk auf dem Felsen (1729–39) in Prag. Sie gehören zu den schönsten Werken des böhmischen Rokoko.

Kilian Ignaz Dientzenhofer,
Prag, Villa Amerika, 1717–20

Dresden und Umgebung

Unter dem Prunk liebenden Kurfürsten und späteren polnischen König Friedrich August I., dem Starken, und dessen Sohn, dem leidenschaftlichen Kunstsammler Friedrich August II., erlebte Sachsen die glänzendsten Momente seiner Geschichte. Zu Recht spricht man von den Jahren zwischen 1694 und 1763 als »augusteischem Zeitalter«, einer Epoche, in der Kultur und Künste wie in der Antike erblühten.

Meisterwerk und Aushängeschild des sächsischen Absolutismus ist der Zwinger, der seinen Namen einer ehemaligen Bastion verdankt (Abb. links). Der grandiose Rokokobau wurde zwischen 1709 und 1728 von dem Architekten Matthäus Daniel Pöppelmann (1662–1736) und dem Bildhauer Balthasar Permoser (1651–1732) geschaffen. Der Zwinger war ursprünglich ein Turnierplatz, dessen Holzarchitektur in einzigartiger Weise in den Steinbau übernommen wurde: Aus Pöppelmanns »römischem Theater«, das 1709 zum Besuch des dänischen Königs errichtet worden war, entstand nach und nach der grandiose »höfische Festplatz«, dessen Anlagen heute die umfangreichen Sammlungen der sächsischen Fürsten beherbergt. Allerdings wurden nur der annähernd quadratische Hof mit Saalbauten und verbindenden Galerien sowie die Exedren in der Querachse fertig gestellt. In ihrem Scheitel errichtete Pöppelmann zwei zier-

Matthäus Daniel Pöppelmann,
Dresden, Zwinger mit Wallpavillon, 1709–28

liche Ovalbauten, den Glockenspiel- und den Wallpavillon, den Balthasar Permoser mit allegorischen und mythischen Skulpturen belebte. Den Zugang zu der Anlage eröffnet das Kronentor, eine spielerisch-heitere Ehrenpforte (Abb. S. 10). Die vierte Seite konnte erst im 19. Jahrhundert durch die Galerie Gottfried Sempers geschlossen werden.

Trotz konzeptioneller Änderungen blieb dem Zwinger der kulissenhafte Charakter: Er ist ein gebautes Arkadien, ein idyllischer Traum von der Vereinigung mit der Natur. Lächelnd tragen Hermen, männliche Halbfiguren, am Wallpavillon die Last des Gebälks; Satyrn, Faune und Blumengebilde beleben die Gesimse, Herkules stemmt die Weltkugel. In einer künstlichen Grotte nehmen Quellnymphen ein Bad. Die Galerien sind zugleich Orangerien. Ursprünglich sollte mit der Öffnung des Areals zum Elbufer hin die Verbindung von gestalteter und ungezügelter Natur noch sinnfälliger werden.

Neben dem Zwinger prägten auch bedeutende Sakralbauten das Stadtbild, die protestantische Frauenkirche (1726–39) von George Bähr mit ihrer doppelschaligen Kuppel und ihrem eindrucksvollen Predigtraum (Abb. oben rechts) sowie die nicht weniger eindrucksvolle katholische Hofkirche – August der Starke war zum Katholizismus konvertiert, um die Krone Polens tragen zu können – von Gaetano Chiaveri (1739–55). Im Auftrag des Adels entstanden aufwändige Städtpaläste. Bis zu seiner Zerstörung 1945 galt das »Elbflorenz« als die schönste Barockresidenz Deutschlands (Abb. oben links).

Pöppelmann, der Westfale in Diensten Augusts des Starken, hinterließ aber auch außerhalb Dresdens architektonische Meisterwerke, die der Kunstlandschaft Sachsen ihr einzigartiges Gepränge verleihen. So leitete er 1723–36 die Barockisierung der Moritzburg nordwestlich von Dresden. Das um die Mitte des 16. Jahrhunderts erbaute Jagdschloss blieb im Kern erhalten, wurde aber zu einer malerischen Vierturmanlage mit Prunksälen und Terrassen ausgebaut (Abb. S. 141 oben). Zusammen mit Zacharias Longuelune zeichnete er verantwortlich für Schloss Pillnitz, die Sommerresidenz der Wettiner, die August als »Lustschloss für Park- und Wasserfeste« neu gestalten ließ. 1720 entstanden das »Wasserpalais«, drei Jahre später das annähernd identische »Bergpalais« landeinwärts. Der »indianische« (= ostasiatische) Schmuck ihrer Fassaden wie die ungewohnt geschweiften Dächer belegen das Vordringen exotischer Motive in die europäische Baukunst.

S. 140 links: **Bernardo Bellotto,** Ansicht von Dresden mit Augustusbrücke, Frauenkirche, Schloss und Hofkirche, 1748, Dresden, Staatliche Kunstsammlungen

S. 140 rechts: **George Bähr,** Dresden, Frauenkirche, 1726–39; Innenansicht vor der Zerstörung

Rechts: **Matthäus Daniel Pöppelmann,** Schloss Moritzburg, 1723–36

Unten: **Matthäus Daniel Pöppelmann, Zacharias Longuelune u. a.,** Schloss Pillnitz, Bergpalais, 1723

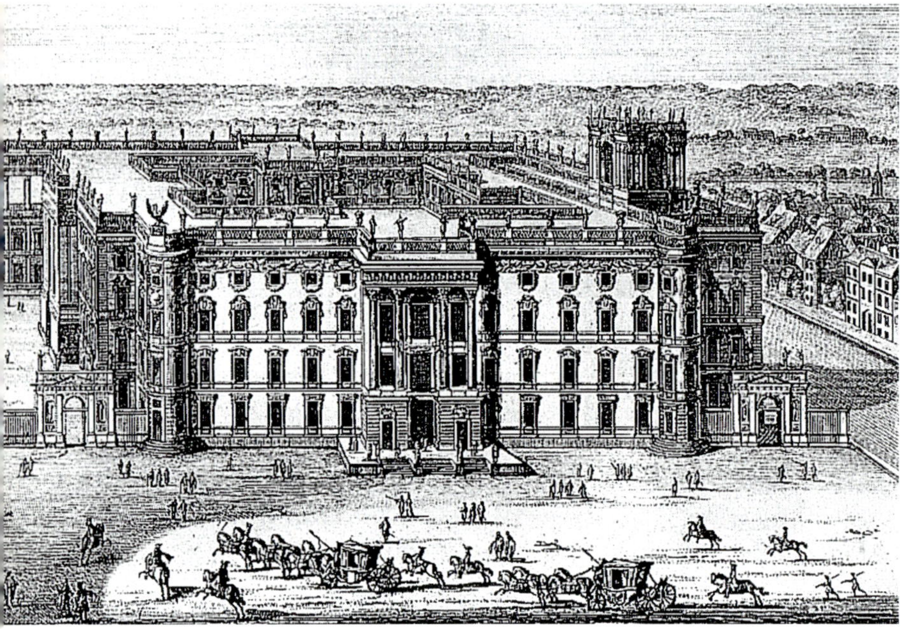

Andreas Schlüter, Berlin, Stadtschloss, beg. 1698, abgerissen 1950, urspr. Entwurf

Berlin und Potsdam

Die notwendigen Voraussetzungen für den Aufstieg Berlins und Potsdams nach dem 30-jährigen Krieg schufen Friedrich Wilhelm, der Große Kurfürst, und sein Nachfolger Friedrich III., der sich 1701 als Friedrich I. zum ersten preußischen König krönen ließ. Der Ausbau der beiden Residenzen ließ nicht lange auf sich warten: Um die Wende zum 18. Jahrhundert schmückten sie sich mit neuen Stadtanlagen und prächtigen barocken Bauten.

Wie die Sachsen bevorzugten die preußischen Herrscher ebenfalls die Kulisse einer Fluss- und Seenlandschaft für den Bau ihrer Schlösser. 1698 erhielt Andreas Schlüter (1664–1714) den Auftrag zum Neubau des Berliner Stadtschlosses auf der Spreeinsel (Abb. oben). Das Schloss, das Teile der kurfürstlichen Residenz einbezog, sollte Teil einer großartigen städtebaulichen Inszenierung werden. Ausgeführt wurden jedoch nur der Lustgartenflügel und sein Hof mit der sehr plastischen, berninesken Fassadengliederung. Da Schlüter fatale Planungsfehler unterliefen, fiel er in Ungnade; Johann Friedrich Eosander von Göthe übernahm seine Aufgaben.

Unter Friedrich II., dem Großen (reg. 1740–86) erlebte Preußen kulturelle Glanzzeiten: Der »Alte Fritz« zog Künstler und Philosophen an seinen Hof und dilettierte selbst als Architekt. In Georg Wenzeslaus von Knobelsdorff (1699–1753) fand der König den idealen »Surintendanten aller Königlichen Schlösser und Gärten«, der seine anspruchsvollen Ideen umzusetzen vermochte. Dazu zählten unter anderem der Ausbau des Potsdamer Stadtschlosses, das Opernhaus Unter den Linden wie der Neubau des Ostflügels des Charlottenburger Schlosses (Abb. S. 143 rechts). Sein Meisterwerk jedoch war das 1747 nach nur zweijähriger Bauzeit vollendete Schloss Sanssouci in Potsdam.

Friedrich II. ließ den in einem weiten Park gelegenen Bau als intime, wenn auch kostbar ausgestattete Sommerresidenz anlegen, als *maison de plaisance.* »Sans souci«, »frei von Sorgen«,

Georg Wenzeslaus von Knobelsdorff, Berlin, Schloss Charlottenburg, Ostflügel, 1740–47 (oben)

Potsdam, Schloss Sanssouci, 1745–47, Gartenfassade mit Weinberg (links)

ist Programm und ein Indiz dafür, dass die Zeit des allein dem Zeremoniell untergeordneten Lebens und Wohnens zu Ende ging. Als Krönung eines künstlichen, terrassierten Weinberges wurde der heitere Dreiflügelbau zum Inbegriff des »friderizianischen Rokoko« (Abb. oben; s. auch S. 144/45). Sein ebenerdiger ovaler Saal ist innen mit 16 Marmorsäulen und Goldbronze reich dekoriert, die Kuppel wurde mit einem kristallenen Oberlicht geschlossen, das die Öffnung des Pantheons nachahmt.

Das Bildprogramm spielt auf Bacchus, den Gott des Weines, und auf den königlichen Auftraggeber an. Hermen mit Satyrn und Nymphen, sinnliche Verkörperung naturhafter Gewalten, schmücken die Fassaden. In dieser Umgebung disputierte Friedrich mit seiner »Tafelrunde«; in den Gartenanlagen voll antikischer Reminiszenzen schuf sich der »Philosoph von Sanssouci« sein persönliches Arkadien.

Am Entwurf des Schlosses war der König selbst beteiligt. Er skizzierte den Grundriss und ließ es wegen der Ausführung sogar zum Bruch mit seinem Hofarchitekten Georg Wenzeslaus von Knobelsdorff kommen: Anlass war ein kleines, aber entscheidendes Detail: Während Friedrich ungehindert aus den Räumen ins Freie zu treten wünschte, plante Knobelsdorff der Fernsicht wegen, den Bau auf einen Sockel zu stellen. Der Blick aus dem Park zeigt deutlicht, wie berechtigt das Ansinnen Knobelsdorffs war. Durchsetzen konnte er sich freilich nicht – dem Willen des Königs wurde entsprochen.

Rokoko

Die Kunst des 18. Jahrhunderts hat viele Gesichter; das des Rokoko ist zweifellos das reizvollste. Sein heiteres Wesen, seine spielerische Anmut, seine Erotik und Exotik entzückten Auftraggeber in ganz Europa, die mit der Schäferdichtung von der Rückkehr des verlorenen Paradieses träumten.
Der Begriff Rokoko fand Ende

Potsdam, Neue Kammern, Ovidgalerie, Detail der Deckendekoration, Rocailleornament, beg. 1747

des 18. Jahrhunderts Aufnahme in die Literatur; er wurde zunächst wohl im Spott über die ausufernden Formen der Ornamentik benutzt. Die etymologische Herkunft des Wortes ist unklar, entweder ist es von *rocaille,* frz. für Muschelwerk, abgeleitet oder entstammt einem verballhornten portugiesischen Begriff für »schiefrunde« Perlen. Das Rokoko prägte, mit zeitlichen Verschiebungen innerhalb einzelner Regionen, die Spanne zwischen 1710 und 1760. Die künstlerischen Impulse für den neuen Stil waren von Frankreich ausgegangen. Hier hatte sich zu Beginn des 18. Jahrhunderts ein neues Lebensgefühl durchgesetzt, das dem Pathos und der Theatralik des Hochbarock widersprach. Vor allem der Adel und das gehobene Bürgertum suchten nach einem verfeinerten privaten Lebensstil, nach Natürlichkeit, Intimität und Individualität. Die Absage an das einengende Zeremoniell des Hofes, der Abbau von Hierarchien und der Verlust von Autorität zeitigten auf philosophischer Ebene die Forderung nach Freiheit und Vernunft – Werte, die nur in Übereinstimmung mit den Naturgesetzen erreichbar schienen.
Die Kunst des Rokoko spiegelt diese Entwicklung auf verschiedenen Ebenen wider: Zunächst bildete sich eine völlig neue Auftraggeber- und Käuferschicht; an Stelle des Hofes traten private Kunstliebhaber, die sich in der Rolle des Mäzens gefielen. Die aufblühenden Instanzen Kunsthandel, Kunstmarkt und Kunstkritik bedienten die neue Klientel. Die Persönlichkeit des Künstlers, seine Empfindsamkeit und Phantasie erfuhren neue Wertschätzung. Das Rokoko begann als Dekorationsstil, der sich aus dem strukturellen Korsett des Hochbarock befreite. Es schmückte zunächst nur den Innenraum, den es – wie im Hôtel de Rohan Soubise – vollends mit einem zarten Gespinst von Stuckfiligran überzog (siehe S. 86). Charakteristische Elemente sind ferner die Wandaufteilung mittels Panneau, Spiegel und Supraporte sowie die Deckengestaltung durch Voute und Plafond. Sie dienten häufig dazu, die Trennung von Wand und Decke zu überspielen oder den Raum illusionistisch zu erweitern. Als Rahmenmotive fungieren Kartusche und Lambrequin, vor allem aber das Muschelwerk, das in der Form der Rocaille seinen Siegeszug antreten sollte (Abb. oben links). Die meisten dieser Ele-

Potsdam, Schloss Sanssouci, Bibliothek, 1745–47

Johann Peter Benckert und Matthias Gottlieb Heymüller, Potsdam, Schloss Sanssouci, Teepavillon im Schlossgarten, 1754

mente waren allerdings schon während der gesamten Barockzeit, teils sogar in Renaissance und Manierismus bekannt. Während der Régence, der Herrschaft des Duc d'Orléans (1715–23), verselbstständigten sie sich und drängten die architektonische Struktur in den Hintergrund – zunächst in symmetrischen, später in alles überwuchernden asymmetrischen Formen. In den 1730er Jahren wurde der flächengebundene Dekorationsstil von den meisten europäischen Zentren übernommen und – im Gegensatz zu seinem Ursprungsland – auch auf den Außenbau übertragen. Stichwerke leisteten Entscheidendes bei der Verbreitung der Motive: Hier ist vor allem auf Gilles-Marie Oppenord und Juste-Aurèle Meissonier zu verweisen, denen die schönsten Vorlagen zu verdanken sind. In Deutschland nimmt das »Friderizianische Rokoko« eine Sonderstellung ein. Friedrich II., der Philosophenkönig von Sanssouci, ließ sein Lustschloss in einem Weinberg errichten; die Entwürfe für den auf Unbeschwertheit und Bequemlichkeit angelegten Bau lieferte er selbst (siehe S. 142/43). Die idyllisch-elegante Innendekoration (Johann August Nahl, Johann Michael und Johann Christian Hoppenhaupt) spielt hundertfach mit dem Gedanken der Naturnähe, in dem sie Lauben, Ranken und Vögel imitiert. Sie gehört zum Schönsten, was das deutsche Rokoko vorzuweisen hat (Abb. S. 144 oben). Eine andere Saite wird im Chinesischen Teehaus angeschlagen, dessen lebensnahe Figuren Johann Peter Benckert und Matthias Gottlieb Heymüller schufen: Die leidenschaftliche Bewunderung asiatischer Kunst, die Sehnsucht nach Exotik haben hier ihre monumentale Entsprechung gefunden (Abb. S. 144 unten).

Hauptmeister des bayerischen Rokoko ist François de Cuvilliés, dem mit dem Festsaal des Jagdschlösschens Amalienburg im Nymphenburger Park ein wahrhaft bezauberndes Werk gelang: Ein zartes Gespinst aus hellblauem und silbernem Stuckdekor überzieht Wand und Decke, vielfach reflektiert durch großflächige Kristallspiegel, die den kreisrunden Raum ins Unendliche erweitern (Abb. unten). Um die Jahrhundertmitte drangen frühklassizistische Elemente in die Rokokodekoration ein. Schloss Benrath, ein Werk des Lothringers Nicolas de Pigage, dokumentiert den sich anbahnenden Stilwechsel (Abb. oben).

Nur gestreift werden können hier Kleinkunst und Kunsthandwerk, denen das Rokoko nie gekannte Finesse verlieh. Möbel, Wandvertäfelungen, Goldschmiedearbeiten, vor allem das Porzellan forderten die Künstler zu Glanzleistungen heraus (Abb. links).

Nicolas de Pigage, Schloss Benrath, Gartenfront, 1756–57

Links: **Johann Wilhelm Lanz,** Die Toilette der Venus, 1760, Porzellan, Höhe 55 cm, München, Residenz

Rechts: **François de Cuvilliés,** München, Amalienburg im Park von Schloss Nymphenburg, Innenansicht, 1734–39

J. C. Schlaun und die Barockarchitektur in Westfalen

Was die Partnerschaft von Auftraggeber und Künstler bewirken konnte, wird am Beispiel Johann Conrad Schlauns (1694–1773) und seines Wirkens für Clemens August von Bayern deutlich. Unter der Ägide des Kölner Erzbischofs und Kurfürsten entstanden in Westfalen herausragende Zeugnisse des Spätbarock.

Schlaun war Schüler von Balthasar Neumann, mit dem er 1720 in Würzburg arbeitete. Reisen führten ihn nach Rom, Paris und München, wo er die Hauptwerke barocker Architektur in Zeichnungen festhielt. Ab 1724 in Münster tätig, wurde er der bevorzugte Baumeister des westfälischen Adels. 1725 trat Schlaun in die Dienste von Erzbischof Clemens August und wurde sogleich mit einer schwierigen Aufgabe betraut, dem Bau von Schloss Augustusburg in Brühl, das von einer Wasserburg in ein barockes Lustschloss verwandelt werden sollte (Abbn. S. 148/49). Offenbar scheinen Schlauns Entwürfe den Erzbischof nicht be-

Johann Conrad Schlaun, Münster, Erdbrostenhof, 1753–57, Großer Saal (oben) und Fassade zum Ehrenhof (rechts)

S. 146 oben und unten: **Johann Conrad Schlaun,** Jagdschlösschen Clemenswerth bei Sögel, 1736–50, Gesamtansicht (unten) und Blick in das Treppenhaus mit Jagdszenen von Gerhard Koppers, 1745 (oben)

friedigt zu haben, denn dieser zog den Münchner Hofbaumeister François Cuvilliés (1695–1768) hinzu, der das Werk fortführte. Das grandiose Treppenhaus schließlich schuf Balthasar Neumann 1741–44 (Abbn. S. 11 und S. 149). Glücklicher verlief die Planung des Jagdschlösschens Clemenswerth bei Sögel (beg. 1740), wo Schlaun ein außergewöhnlicher Wurf gelang: Er konzipierte die idyllisch gelegene Anlage als Pavillonensemble, quasi als »Zeltlager aus Stein« (Abbn. S. 146).

In Münster errichtete Schlaun 1745– 53 die Clemenskirche: Ihr geschwungener Grundriss lässt die Auseinandersetzung mit der Architektur Berninis und Borrominis erkennen. Sein Hauptwerk jedoch ist der Erbdrostenhof, das Stadtpalais des Freiherrn Droste zu Vischering (1753–57; Abb. S. 147 unten). Geschickt ist der Bau dem dreieckigen Ehrenhof angepasst: Konkav geschwungene Flügel rahmen den Mittelrisalit, der mit Kolossalpilastern gegliedert und von einem mächtigen Giebel bekrönt wird. Das mittlere Fenster schneidet in das Gebälk ein, ein Motiv, das Schlauns Kenntnis römischer und spätantiker Architektur verrät. Hinter der Front verbirgt sich der über zwei Geschosse reichende Festsaal mit seinen illusionistischen Wandmalereien (Abb. S. 147 oben). Während französische und österreichische Palastbauten die Vorbilder für die Konzeption des Erbdrostenhofes lieferten, griff Schlaun mit der Verwendung von – in der Umgebung von Münster gebrochenem – gelbem Baumberger Sandstein und rotem Backstein lokale Traditionen auf, die er für die barocke Fassadengestaltung nutzbar machte: Die Wandflächen wurden in Ziegel ausgeführt, der hellere Sandstein blieb den architektonisch gliedernden und akzentuierten Teilen vorbehalten.

Johann Conrad Schlaun, François Cuvilliés, Brühl, Schloss Augustusburg, beg. 1725

Balthasar Neumann, Brühl, Schloss Augustusburg, Treppenhaus, 1741–44

Johann Conrad Schlaun, François Cuvilliés, Speisesaal (links) und Nepomukkapelle (rechts)

Barockarchitektur in Skandinavien

Die Länder Nordeuropas leisteten bedeutende Beiträge zur Baukunst des Barockzeitalters, allerdings weniger in typologischer Sicht als im Hinblick auf die ästhetische Gestaltung der Oberflächen. Die Kombination von Ziegelmauern und Sandsteindekor, die Verdachungen mit Kupfer boten willkommenen Anlass für das Spiel mit Farben und Strukturen. In vielen Fällen lieferten die Niederlande Vorlagen für die skandinavische Architektur, doch drangen in der zweiten Hälfte des 17. Jahrhunderts verstärkt italienische und französische Elemente nach Nordeuropa vor. Aufträge kamen aus Kreisen des Hofes und des Adels, der auch bei der Übernahme des Protestantismus seine zentrale gesellschaftliche Stellung beibehielt. Vereinzelt trat auch das Bürgertum als Förderer der Baukunst hervor. In Norwegen, dessen Krone mit der Dänemarks vereint war, verlagerte sich der Schwerpunkt der künstlerischen Produktion auf das Kunstgewerbe.

Dänemark: Mit dem Ausbau Kopenhagens zur modernen Residenzstadt begann unter Christian IV. eine kurze Blütezeit manieristisch-frühbarocker Architektur, die sich an holländischen Vorbildern orientierte. Dies belegt unter anderem die durch Hans van Steenwinkel d. J. errichtete Börse (beg. 1619), ein breit gelagerter Bau mit aufragenden Mansardfenstern und Zwerchgiebeln, für den der König selbst Pläne vorgelegt haben soll (Abb. unten).
Mit dem 1672 begonnenen Schloss Charlottenborg hielt der Barockklassizismus in Dänemark Einzug. Der bedeutendste Architekt dieser Zeit war Lambert van Haven (geb. 1630), ein in Italien geschulter Baumeister und Maler, dessen Werke gleichwohl auch holländische Züge tragen.
Um die Mitte des 18. Jahrhunderts erreichte die Bautätigkeit einen erneuten Höhepunkt: 1754 begann der Ausbau des Amalienborg-Platzes und der Frederikskirche (Abb. oben), ein städtebaulicher Komplex, der sich an französischen Anlagen inspiriert und zum Hauptwerk des dänischen Rokoko wurde. Entworfen wurde das Ensemble von Nicolaj Eigtved (1701–54), einem weit gereisten Gärtner und Architekturdilettanten, der bei dem sächsischen Hofbaumeister Pöppelmann studiert hatte.

Schweden: Auch die schwedische Architektur orientierte sich zunächst am holländischen Manierismus, allerdings trat bereits 1639 mit der Be-

Nicolaj Eigtved, Kopenhagen, Frederikskirche, 1649 und 1849

Hans van Steenwinkel d. J., Kopenhagen, Börse, 1619–31 und 1639–74

Nicodemus Tessin d. Ä.,
Schloss Drottningholm bei Stockholm, 1662–85

rufung des Franzosen Simon de la Vallée (gest. 1642) der entscheidende Wandel zum barocken Klassizismus ein. Sein Sohn Jean de la Vallée (1620–96) und sein Schüler Nicodemus Tessin d. Ä. (1615–81) führten die schwedische Barockbaukunst zu internationalem Ansehen. Manifest des neuen Stils wurde das Riddarhuset (Adelshaus) in Stockholm, das von Simon de la Vallée entworfen und mit einigen Veränderungen durch Jean de la Vallée und den Holländer Justus Vingboons ausgeführt wurde (ganz unten). Die Hauptfassade ist durch eine korinthische Kolossalordnung gegliedert, der leicht vorspringende Mittelrisalit durch einen flachen Giebel akzentuiert; Ziegel und heller Sandstein stehen in wirkungsvollem Kontrast.

Nikodemus Tessin d. Ä. wurde 1649 zum Hofarchitekten ernannt; kurz danach trat er eine längere Reise an, die ihn zu den Hauptwerken der Baukunst Deutschlands, Italiens, Frankreichs und Hollands führte. In seinem wichtigsten Werk, Schloss Drottningholm (beg. 1662), griff er zunächst die Konzeption von Vaux-le-Vicomte auf, verdoppelte jedoch den Corps-de-Logis und ergänzte ihn durch Seitenflügel und Eckpavillons (Abb. oben), sodass sich eine Anlage mit zwei Höfen ergab; das Innere des Schlosses wird von einem monumentalen Treppenhaus beherrscht. Die Ausführung des Baus und die Gestaltung der bedeutenden Gartenanlagen lagen in der Hand seines Sohnes Nicodemus Tessin d. J. und wurden erst 1685 vollendet. Auch die karolinische Grabkapelle der Riddarsholmkirche in ihren pathetischen römisch-barocken Formen konnte erst Jahrzehnte nach ihrem Beginn 1671 fertig gestellt werden (Abb. rechts).

Nicodemus Tessin d.J. (1654–1728) übernahm 1681 das Amt seines Vaters als schwedischer Hof- und Schlossarchitekt, auch er unternahm Studienreisen durch ganz Europa. Sein Hauptwerk, der Wiederaufbau des durch einen Brand zerstörten Königlichen Schlosses von Stockholm (1690–1754), zeigt seine Vertrautheit mit Berninis letztem Louvre-Entwurf und dem Palazzo Chigi-Odescalchi; Tessin wandelte die Vorbilder jedoch in einen etwas nüchterneren Stil (Abb. Mitte links).

Nicodemus Tessin d. J.,
Stockholm, Königliches Schloss, 1690–1754

Simon und Jean de la Vallée, Justus Vinboons,
Stockholm, Riddarhuset, 1641–74

Nicodemus Tessin d. Ä.,
Stockholm, barocker Anbau (Grabkapelle) der Riddarsholmkirche, beendet 1671

Gegenüber dem Schloss errichtete Tessin sein eigenes Stadthaus, ein architektonisches Schaustück, in dem er Grundrisskonzepte des französischen Hôtelbaus mit Aufrisselementen römischer Villen verband.

Die Skulptur des Barock

Italien

Wie die Architektur nahm auch die Bildhauerkunst des Barock in Rom ihren Ausgang. Wie diese stand sie vorrangig im Dienste Gottes, was die weltliche Prachtentfaltung des Papsthofes augenfällig mit einschloss. Doch mehr als das: In den Händen der Gegenreformation wurde sie ein wirksames Propagandamittel der katholischen Kirche.

Schon in der Antike hatte die Skulptur einen vorrangigen Platz unter den Künsten inne, da sie mit rhetorischen Strukturen arbeitete. Nun oblag es ihr, mittels der ihr eigenen plastischen Präsenz und ihrer Täuschungsfähigkeit transzendente Inhalte zu verbildlichen. Dem *concetto,* der gedanklichen Konzeption, kam dabei eine grundlegende Bedeutung zu: Er verband komplexe Inhalte, bestimmte Bildstrategien und Anspielungen und brachte diese auf den Höhepunkt ihrer Aussagekraft.

Seit der Renaissance hatte sich das künstlerische Anliegen der Bildhauerkunst grundlegend verändert: Der Akzent verschob sich von der im klassischen Sinne vollkommenen Wiedergabe der Natur hin zur virtuosen Übersteigerung des Motivs – letztlich sollte gezeigt werden, dass der

Giovanni da Bologna (Giambologna), Raub der Sabinerinnen, 1581–83, Marmor, Höhe 410 cm, Florenz, Loggia dei Lanzi, Piazza della Signoria

Künstler imstande sei, die Natur zu übertreffen.

Die künstlerischen Voraussetzungen für die pathetischen Ausdrucksformen des Barock liegen im Manierismus des 16. Jahrhunderts (nach ital. *maniera* = Manier, Art und Weise). Die *figura serpentinata* etwa, am Beispiel des *Raubs der Sabinerinnen* von Giambologna vorgeführt (Abb. S. 152), offenbart viele Züge, die die Skulptur des Barock aufnehmen sollte: den kunstvollen, spiralförmigen Aufbau, die raumgreifende Kompositon, die dramatische Bewegung und die Allansichtigkeit, die den Betrachter zum Standpunktwechsel zwingt.

Weitere Stilelemente traten hinzu, so die delikate Behandlung der Oberflächen, vor allem aber die psychologische Durchdringung der Figur oder der Figurengruppe, die im Augenblick höchster Spannung festgehalten werden. Der hl. Sebastian von Alessandro Vittoria (1525–1608) illustriert eben dieses *transitorische Moment:* Vom Pfeil seiner Peiniger getroffen, doch noch nicht tödlich verletzt, sinkt der schöne Körper des Märtyrers ausdrucksvoll zusammen (Abb. rechts).

Alessandro Vittoria, Hl. Sebastian, um 1600, Marmor, Höhe 170 cm, Venedig, S. Salvatore

Gianlorenzo Bernini
Oben links: Büste der Constanza Bonarelli, 1636–37, Marmor, Höhe 72 cm, Florenz, Museo Nazionale del Bargello

Oben Mitte: Büste König Ludwigs XIV., 1665, Marmor, Höhe 80 cm, Versailles, Schloss

Oben rechts: Büste des Kardinals Scipione Borghese, 1632, Marmor, Höhe 78 cm, Rom, Galleria Borghese

S. 154 links: Pluto und Proserpina, 1621–22, Marmor, Höhe 255 cm; Rom, Galleria Borghese

S. 154 rechts: Apoll und Daphne, 1622–23, Marmor, Höhe 243 cm, Rom, Galleria Borghese

Gianlorenzo Bernini

Die Werke von Gianlorenzo Bernini (1598–1680) sind der Inbegriff der römischen Barockskulptur; kein anderer Künstler, Michelangelo vielleicht ausgenommen, hat eine Gattung so nachhaltig zu prägen vermocht wie er.

Berninis Schaffen ist untrennbar mit dem Papsthof verbunden. Als der gebürtige Neapolitaner mit seinem Vater 1605 nach Rom kam, fand er in Kardinal Scipione Borghese seinen ersten Auftraggeber und Mäzen. Daraus erwuchs eine einzigartige Karriere; für vier Päpste, UrbanVIII., Innozenz X., Alexander VII. und Clemens IX., schuf er spektakuläre Meisterwerke. Zu seinen frühen Arbeiten in Diensten der Borghese zählen die Figurengruppen *Pluto und Proserpina* (1621–22; Abb. S. 154 links) sowie *Apoll und Daphne* (1622–23; Abb. S. 154 rechts), die für die Villa Borghese geschaffen wurden. Sie belegen die Auseinandersetzung des jungen Künstlers mit den Werken der Antike. Mit ihnen empfahl sich Bernini Maffeo Barberini, der 1623 als Urban VIII. den Papstthron bestieg.

Neben seinem Engagement für den Petersdom (s. S. 26–28) schuf Bernini weiterhin großartige profane Bildwerke, unter denen die ausdrucksvollen Porträtbüsten eine Sonderstellung einnehmen. 1632 fertigte er das Bildnis seines Gönner, des Kardinals Scipione Borghese, den er im Augenblick des Disputierens konterfeite (Abb. oben rechts). Sprechender noch wirkt das lebensnahe Antlitz der Constanza Bonarelli, der Bernini leidenschaftlich verbunden war (1636–37; Abb. oben links). Die in Untersicht gegebene Marmorbüste des französischen Königs Ludwig XIV. offenbart dagegen die distinguierende Würde, die den absolutistischen Herrscher auszeichnet (Abb. oben Mitte).

Im Petersdom hinterließ Bernini seine größten Werke. Die Arbeiten am Baldachin über Petrusgrab und Papstaltar begannen 1624, wenig später erhielt er den Auftrag, die Vierungspfeiler St.

NA FIDES
TEVI

S. 156: **Gianlorenzo Bernini,** Rom, St. Peter, Baldachin, 1624–33, Marmor, Bronze und Gold

Gianlorenzo Bernini, Grabmal für Alexander VII., 1672–78, Marmor und vergoldete Bronze, Rom, St. Peter

Peters mit Nischenfiguren auszustatten. Beide Aufgaben, die einem Gesamtkonzept unterworfen sind, wurden künstlerische wie inhaltliche Offenbarungen: Das bronzene Ziborium mit seinen vier gedrehten Säulen erinnert an die konstantinische Peterskirche und darüber hinaus an den Tempel Salomos in Jerusalem (Abb. S. 156). Bis heute ist allerdings strittig, ob Bernini allein die Autorenschaft der Säulen und der feierlichen Bekrönung zuzuschreiben ist; seinem Rivalen Borromini, der gleichzeitig in der Bauhütte arbeitete, wäre ein ähnlich machtvoller Entwurf zuzutrauen. Unter den über vier Meter hohen Vierungsfiguren führte Bernini die Figur des entrückten hl. Longinus im Augenblick seiner Bekehrung aus, die übrigen sind Werke von François Duquesnoy, Francesco Mocchi und Andrea Bolgi. Zwischen 1657 und 1666 folgte die Umgestaltung der Apsis mit der Kathedra Petri, des ehrwürdigen Thrones des Apostelfürsten, den Bernini in ein visionäres Gesamtkunstwerk verwandelte.

Die beiden Papstgrabmäler, die Bernini im Petersdom errichtete, zählen ebenfalls zu den Ausnahmeleistungen barocker Kunst: Während Urban VIII. (gest. 1644) in imperialer Geste, in voller Amtsgewalt geschildert wird, kniet Alexander VII. demütig, jedoch nicht minder selbstbewusst inmitten der personifizierten Gerechtigkeit, Weisheit, Nächstenliebe und Wahrheit. Der Tod ist allgegenwärtig: Aus dem Bahrtuch steigt ein Gerippe empor und reckt drohend das Stundenglas (Abb. links).

Gianlorenzo Bernini, Die selige Ludovica Albertoni, 1671–74, Marmor und Jaspis, Länge 188 cm, Rom, S. Francesco a Ripa

Rechts und S. 159: **Gianlorenzo Bernini,** Die Stifterloge der Familie Cornaro (rechts) und die Verzückung der hl. Theresa von Ávila (S. 159), Details der Ausgestaltung der Cappella Cornaro, 1647–52, Rom, S. Maria della Vittoria

Gianlorenzo Bernini, Vierströmebrunnen, 1648–51, Gesamtansicht und Details, Marmor und Travertin, Rom, Piazza Navona

Ekstase und Erotik gehörten wie Macht und Vergänglichkeit ebenso zum barocken Erfahrungsschatz. Auch hierfür fand Bernini erregende Ausdrucksformen. So erwartet die hl. Theresa von Ávila verzückt den Lanzenstich des Engels, der ihr in einer Vision erschien. Bernini versetzte die Szene in einen theaterartigen Kapellenraum, in dem die Stifter des Kunstwerks, die Familie Cornaro, dem mystischen Geschehen beiwohnen (1647–52; Abbn. S. 158 unten und S. 159). Vollends zum Voyeur wird der Betrachter der seligen Ludovica Albertoni, die sich in ekstatischer Erregung in ihrem Bett aus blutrotem Jaspis windet (1671–74; Abb. S. 158 oben).

Zu einer bevorzugten künstlerischen Aufgabe wurde der Figurenbrunnen. Die Verbindung von Skulptur, Architektur und Städtebau, die Vereinigung von Natur und Artefakt erforderten reizvolle *concetti,* Virtuosität und technisches Können. Bernini gelangen auch hier Meisterwerke: Der Vierströmebrunnen auf der Piazza Navona mit seinen machtvollen Flussgöttern und den exotischen Attributen der Erdteile huldigt Innozenz X. als Welten- und Friedensherrscher (beg. 1647; Abbn. links). Die Entwürfe für die Fontana del Moro (1653–55; Abbn. S. 161 links) wie auch für den auf einem Elefanten fußenden Obelisken der Piazza S. Maria sopra Minerva (1666/67; Abb. S. 161 rechts) zeigen noch einmal Berninis überragenden Intellekt und seinen einzigartigen Erfindungsreichtum.

Gianlorenzo Bernini, Fontana del Moro, 1653–55, Gesamtansicht und Detail, Marmor, Rom, Piazza Navona

Rechts: **Gianlorenzo Bernini,** Obelisk, 1666/67, Marmor, Rom, Piazza S. Maria sopra Minerva

vor und nach Bernini

Auch andere Bildhauer Italiens schufen Meisterwerke. Ein überaus eindringliches Bildwerk stellt die Liegefigur der hl. Cäcilie dar, die Stefano Maderno (1576–1636) für S. Cecilia in Trastevere fertigte (Abb. unten). Auf einer Marmorplatte wie auf einer Schlachtbank hingestreckt, lässt der leblose Leib noch seine einstige Sinnlichkeit erkennen. Das Haupt der gerichteten Märtyrerin ist vom Betrachter abgewandt, sodass er den Tod der Heiligen nur mehr erahnt. 1599/1600 entstanden, vermittelt Madernos aufrüttelndes Marmorwerk bereits vollkommen barocke Bildstrategien: Die ganze Leidensgeschichte der jungen Heiligen ist in einem einzigen Moment, dem Übergang vom Leben zum Tod, eingefangen.

Zu den Wegbereitern des Barock zählen auch Pietro Bernini (1562–1629), der Vater Gianlorenzos, der in S. Maria Maggiore malerische Reliefs entwarf, sowie Francesco Mocchi (1580–1654), der den Typus des antiken Reiterstandbildes neu definierte. Die

S. 162 oben: **Francesco Mocchi,** Reiterstandbild des Alessandro Farnese, 1620–25, Bronze, Piacenza, Piazza dei Cavalli

Unten links: **François Duquesnoy,** Hl. Andreas, 1629–33, Marmor, Höhe ca. 450 cm, Rom, St. Peter

Unten rechts: **François Duquesnoy,** Hl. Susanna, 1629–33, Marmor, Rom, S. Maria di Loreto

Unten: **Stefano Maderno,** Hl. Cäcilie, 1599/1600, Marmor, Länge 102 cm, Rom, S. Cecilia in Trastevere

Bronzestatuen für Ranuccio und Alessandro Farnese, die die Piazza dei Cavalli in Piacenza schmücken, zeigen Ross und Reiter in heftiger Bewegung (1620–25; Abb. S. 162 oben). Sein bedeutendstes Werk ist die *hl. Veronika mit dem Schweißtuch,* eine der Vierungsfiguren von St. Peter, die stürmischen Schritts ihrer Nische zu enteilen scheint.

Auch der hl. Andreas des gebürtigen Brüsselers François Duquesnoy (1597–1643) gehört zum Quartett der Vierungsfiguren, für die Bernini das Gesamtkonzept entworfen hatte. In der pathetischen Gestik des Apostels, der kunstvoll in die Diagonalen seines Astkreuzes eingebunden ist, ist das Vorbild des Meisters deutlich spürbar (1629–33; Abb. unten links). Einen ganz anderen Charakter offenbart die klassische Gestalt der hl. Susanna in der römischen Kirche S. Maria di Loreto (1629–33; Abb. unten rechts). Ihre antikische Schönheit, ihre Anmut und Ausgewogenheit verraten ein völlig anderes Ideal, das der ekstatischen Auffassung Berninis kon-

Alessandro Algardi, Büste des Camillo (oder Benedetto?) Pamphilj, nach 1647, Marmor, Rom, Palazzo Doria

Rechts: **Alessandro Algardi,** Attilas Vertreibung durch Leo I., 1646–52, Marmorrelief, Rom, St. Peter

S. 165 unten: **Camillo Rusconi,** Hl. Matthäus, 1708–18, Marmor, überlebensgroß, Rom, S. Giovanni in Laterano

trär entgegensteht. Als eine der wenigen barocken Heiligenfiguren neigt sich Susanna dem Betrachter nach unten entgegen, während ihre Pendants entrückt gen Himmel schauen.

Ein weiterer prägender Künstler ist Alessandro Algardi (1598–1619). In Bologna geboren, besuchte er dort die so genannte Akademie Ludovico Carraccis, in der er seinen klassischen Stil ausbildete. 1625 ließ er sich in Rom nieder und arbeitete zunächst für den Kardinal Ludovisi. In Innozenz X. fand er einen Gönner und Mäzen und stieg zum führenden römischen Bildhauer auf. Das monumentale Marmorrelief *Attilas Vertreibung durch Leo I.* zeigt, wie der kriegerische Hunnenführer durch eine Vision von der Zerstörung Roms abgehalten wird. Das Werk wurde von den Zeitgenossen des Künstlers begeistert aufgenommen (1646–52; Abb. S. 164). Eines der Mittel, mit denen Algardi die (Bedeutungs-)Ebenen differenziert, ist die Abstufung des Reliefs. Während die Hauptszene mit Leo I. und Attila nahezu vollplastisch aus dem Reliefgrund hervortritt, erscheint die Vision der Apostelfürsten bereits in flacherem Relief, das schließlich noch weiter zurückgenommen wird.

Seine Beobachtungsgabe empfahl Algardi als Porträtisten: Für die Familie Pamphilj schuf er zwei seiner ausdrucksvollsten Bildnisse, die Marmorbüsten der Olimpia Maidalchini und des Camillo (oder Benedetto?) Pamphilj (nach 1647; Abb. S. 164 oben).

Ercole Ferrata, Steinigung der hl. Emerentiana, beg. 1660, Marmorrelief, Rom, S. Agnese in Piazza Navona

Antonio Raggi, Tod der hl Cäcilie, 1660–67, Marmorrelief, Rom, S. Agnese in Piazza Navona

Zwei aus der Region um Como stammende, von Bernini und Algardi geschulte Bildhauer führten die Gattung des Reliefs zu neuen Höchepunkten: 1660 begannen Antonio Raggi (1624–86) und Ercole Ferrata (1610–86) ihre Arbeiten in S. Agnese in Agone an der Piazza Navona, deren Kreuzarme sie mit großen plastischen Altarbildern ausstatteten.

Raggis Werk *Der Tod der hl. Cäcilie* füllt den Bildraum mit einer Vielzahl unterschiedlich agierender und empfindender Figuren; auch hier dient die Relieftiefe zur Hierarchisierung der Szenen (Abb. oben rechts). Ferratas *Steinigung der hl. Emerentiana* kommt mit bedeutend weniger Personal aus, der Aufbau des Bildes ist um vieles klarer: Die Hauptperson, die Heilige, der die Steinwürfe der Peiniger nichts anhaben können – sie erwartet bereits den Siegeskranz –, steht isoliert inmitten der drängenden, flüchtenden Menschengruppen, die ihr nah sind, sie aber nicht zu erreichen vermögen (Abb. oben links).

Ferratas Mitarbeiter, der Mailänder Camillo Rusconi (1658–1728), sollte den römischen Barock ins 18. Jahrhundert tragen. Als Beispiel für die stilistische Entwicklung nach Bernini sei die Figur des hl. Matthäus angeführt, die Rusconi für die Lateransbasilika schuf. Auf die feingliedrige, plastisch-detaillierte Oberflächenbehandlung hat der Künstler hier zugunsten einer großzügigeren, plakativeren Gestaltungsform verzichtet (1708–18; Abb. links).

Spanien

Spanien ging in der Skulptur des Barock eigene Wege. Weitgehend unabhängig vom römischen Diskurs, verfolgte diese einen streng realistischen Weg, um gegenreformatorische Inhalte bildlich umzusetzen.

Eine für Spanien typische und typenbildende Gattung sind die *pasos,* lebensnahe Holzfiguren und -gruppen, die in den Prozessionen der Karwoche mitgeführt wurden. In ihrem schonungslosem Realismus bewegten sie die Menschen in den Straßen zum Mitleiden mit dem Erlöser. Um die Dramatik des Ausdrucks noch zu steigern, wurden die farbig gefassten Skulpturen mit plastischen Applikationen, so genannten *postizos,* versehen: Perücken aus echtem Haar, Augen und Tränen aus Kristall, Wunden aus rotem Leder oder Kork.

Eines der frühesten Beispiele dieses Genres ist die *Aufrichtung des Kreuzes* von Francisco Rincón (geb. 1567), das – wie der Großteil der Meisterwerke spanischer Bildhauerkunst – im Museo Nacional de Escultura in Valladolid zu bewundern ist (1604; Abb. oben). Das Ensemble lebensgroßer Figuren zeigt den dramatischen Moment, in dem das Kreuz mit der Christusfigur von den Schergen aufgerichtet wird und der Kopf des Heilands schmerzerfüllt zur Seite kippt. Ebenfalls als Prozessionsgruppe diente die *Kreuzabnahme* des Gregorio Fernández (1576–1636), eine ungeheuer schwierige kompositorische Leistung, die den eindringlichen ersten Moment des Loslösens des Leichnams vom Kreuz beschreibt (1623–25; Abb. links). Eine ikonographische Neuerung stellt auch der *Christus an der Geißelsäule* dar: Der niedrige Säulenschaft verlangt dem ge-

Francisco Rincón, »Paso« (Prozessionsgruppe) mit der Aufrichtung des Kreuzes, 1604, farbig gefasstes Holz, lebensgroß, Valladolid, Museo Nacional de Escultura

Gregorio Fernández, »Paso« (Prozessionsgruppe) mit Kreuzabnahme, 1623–25, farbig gefasstes Holz, überlebensgroß, Valladolid, Vera Cruz

schundenen Körper eine weit demütigere Haltung ab als die übliche hohe Martersäule (um 1619; Abb. unten).

Gregorio Fernández ist der wichtigste Künstler der ersten Hälfte des 17. Jahrhunderts. Der in Lugo geborene Sohn eines Bildhauers machte in Valladolid Karriere, das ab dem späten 16. Jahrhundert zum Mittelpunkt spanischer Hofkunst aufgestiegen war. Hier arbeitete er zunächst bei Rincón, bis er in den 20er Jahren eigene große Aufträge übernahm und eine florierende Werkstatt unterhielt. Zwischen 1625 und 1632 fertigte er das großartige Retabel der Kathedrale von Plasencia, das dem Leben der Muttergottes gewidmet ist (Abb. unten). Das monumentale Werk gehört zur Reihe der Wand füllenden, architektonisch ausgebildeten »Altarbilder«, die ab dem 15. Jahrhundert die Apsiden vieler spanischer Kirchen schmückten.

Neben Kastilien traten Andalusien und besonders Sevilla mit künstlerischen Höchstleistungen hervor. In der vom Zeitpunkt der Entdeckung Amerikas an prosperierenden Hafenstadt war es vor allem Juan Martínez Montañés (1568–1649), dessen lebensnahe, doch immer schönlinige Werke Bewunderung fanden. Sein *Hl. Hieronymus,* dessen Muskeln und Venen unter der ledernen Haut hervortreten, ist ein Meisterwerk frühbarocker Schnitzkunst (1611; Abb. S. 168 links).

In Granada wirkten zur gleichen Zeit der Architekt, Maler

Gregorio Fernández, Christus an der Geißelsäule, um 1619, farbig gefasstes Holz, 177 cm, Valladolid, Vera Cruz (oben),
Retabel, 1625–32, Holz, Skulpturen farbig gefasst, Plasencia, Kathedrale (rechts)

und Bildhauer Alonso Cano (1601–67) und Alonso de Mena, der zwei großartige Schüler heranzog, seinen Sohn Pedro (1628–88) und Pedro Roldán (1624–99). Beide wiesen der spanischen Skulptur neue Wege. Pedro de Menas *Büßende Magdalena* verkörpert wie kaum ein zweites Werk die tiefe Mystik und Emotionalität Andalusiens (1664; Abb. unten Mitte). Der *Grablegung Christi* auf der Mitteltafel des Retabels des Hospital de la Caridad in Sevilla verlieh Pedro Roldán theatralischen Ausdruck und kraftvolle Dynamik (1670–72; Abb. S. 169). Roldáns Tochter Luisa (1654–1704) zählt übrigens zu den wenigen namhaften Bildhauerinnen des Barockzeitalters.

Gegen Ende des 17. Jahrhunderts setzte sich auch in Sevilla eine expressivere Formensprache durch. Zeugnis dafür ist der *Sterbende Christus (El Cachorro)* des Francisco Ruiz Gijón, dessen ausgemergelter Leib sich dem Sterben widersetzt; selbst das Lendentuch scheint sich im Todeskampf aufzubäumen (1682; Abb. unten rechts). Höhepunkt aller dramatischen Ausgestaltung ist zweifelsohne das *Haupt des hl. Paulus,* ein Paradestück des Juan Alonso Villabrille (1707; Abb. S. 171 oben links). Der abgeschlagene Kopf mit qualvoll geöffneten Lippen und brechendem Blick liegt auf einer Art Felsengrund; die Szenerie ist an Grausamkeit kaum zu übertreffen. Obwohl sich in den »Johannesschüsseln« (Präsentiertellern mit

Juan Martínez Montañés, Hl. Hieronymus, 1611, farbig gefasstes Holz, Höhe 160 cm, Santiponce, Monasterio de S. Isidoro del Campo (Sevilla)

Pedro de Mena, Büßende Magdalena, 1664, farbig gefasstes Holz, Höhe 165 cm, Valladolid, Museo Nacional de Escultura

Francisco Ruiz Gijón, Sterbender Christus, »El Cachorro«, 1682, farbig gefasstes Holz, Höhe 184 cm, Sevilla, Capilla del Patrocinio

S. 169: **Pedro Roldán,** Grablegung Christi, 1670–72, farbig gefasstes Holz, überlebensgroß, Sevilla, Hospital de la Caridad

MORTVVS
ET

Juan Alonso Villabrille, Haupt des hl. Paulus, 1707, farbig gefasstes Holz, Höhe 55 cm, Breite 61,5 cm, Valladolid, Museo Nacional de Escultura

S. 170: **José Benito de Churriguera,** Altarretabel, 1693, Salamanca, S. Esteban

S. 172/73: **Narciso de Tomé,** »El Transparente«, 1721–32; Marmor und Bronze, Toledo, Kathedrale

dem abgeschlagenen Haupt Johannes' des Täufers) Parallelen finden, ist ein vergleichbares Thema selten drastischer dargestellt worden. Nur wenige Jahre später sollte sich mit den Werken Francisco Salzillos das Rokoko und damit eine weitaus gefälligere Kunstströmung durchsetzen.

Einzigartige Leistungen vollbrachten spanische Künstler in der prachtvollen Ausgestaltung von Retabeln, die unter ihren Händen zu monumentalen Gesamtkunstwerken gerieten. Mit diesem Prozess ist der Name der Familie Churriguera untrennbar verbunden, der »Churriguerismus« wurde zum Synonym überreichen Dekors. Der aus Barcelona stammende Bildhauer José Ratés y Dalmau hatte nach seiner Niederlassung in Madrid fünf Söhne eines verstorbenen Verwandten, Josep de Xuriguera, in seine Werkstatt aufgenommen. Nach seinem Tod 1684 traten alle, José Benito, Manuel, Joaquín, Alberto und Miguel, als eigenständige Architekten und Retabelbauer hervor. Der älteste des Quintetts, José Benito de Churriguera (1665–1725), schuf 1693 das Retabel in der Klosterkirche von S. Esteban in Salamanca, dessen plastische Struktur, gedrehte »salomonische« Säulen und üppiger, vergoldeter Dekor hundertfache Nachahmung fanden (Abb. S. 170).

Narciso de Tomé (nachgew. 1715–42) und sein Bruder Diego schufen das spektakulärste Werk des spanischen Barock, El Transparente, in der Kathedrale von Toledo (Abb. S. 172/73). Das zwischen 1721 und 1732 errichtete Monument ist eine Art *camarín,* d. h. ein separater Raum für die Aufbewahrung der Kustodie. Er ist als raumgreifendes konkaves Retabel gestaltet, in dessen Zentrum die Muttergottes und darüber das Abendmahl stehen. Ein Durchbruch im Gewölbe lässt Licht einfallen und suggeriert den Blick in den offenen Himmel, der sich als strahlendurchflutetes Gewoge von Engeln und Heiligen darbietet. Architektur, Bildhauerkunst und Malerei ergänzen einander so perfekt, dass El Transparente den Zeitgenossen als »achtes Weltwunder« galt. Der Neoklassizismus sah in dem Werk freilich den Höhepunkt der Dekadenz.

Tomás de Sierra, Altarretabel, 1704, Detail (oben), Gesamtansicht (unten), Medina de Rioseco, Iglesia de Santiago

Frankreich

Ganz oben: **Jacques Sarrazin,** Karyatiden am Pavillon de l'Horloge, 1636, Marmor, Paris, Louvre

Oben: **Pierre Puget,** Milon von Kroton, 1672–82, Marmor, Höhe 270 cm, Paris, Louvre

S. 174: **François Girardon,** Grabmal des Kardinals Richelieu, 1675–94, Marmor, Paris, Chapelle de la Sorbonne

Die französische Skulptur des Barock stand nahezu ausnahmslos im Dienste des absolutistischen Hofes. Unter Ludwig XIV. (1643–1715) erfuhr sie ihren künstlerischen Höhepunkt und trug in bis dahin ungekanntem Maße zur Verherrlichung der Monarchie bei. Hielten in der ersten Hälfte des 17. Jahrhunderts barocke und klassisch-antikisierende Tendenzen einander noch annähernd die Waage, so wurde das klassizistische Ideal für die Folgezeit verbindlich. Entscheidenden Anteil daran hatte die 1648 gegründete Akademie, die den Kunstbetrieb des Reiches in ihrem Sinne steuerte.

Wie sehr die Kunstauffassung des Grand Siècle von der in Rom vorherrschenden differierte, beweist die wiederholte Ablehnung der Entwürfe Berninis: Ähnlich wie im Falle der Louvre-Projekte entsprachen seine plastischen Arbeiten nicht den französischen Vorstellungen. Ein charakteristisches Beispiel ist das Schicksal eines Reiterstandbildes Ludwigs XIV., das, in ein Denkmal des Marcus Curtius umgearbeitet, in eine hintere Ecke des Parks von Versailles verbannt wurde.

Zu den wenigen Bildhauern, die in der Art Berninis Pathos und Affekte »modellierten«, gehört der aus Marseille stammende Pierre Puget (1620–94), der nach Aufenthalten in Genua und Rom zu einem der führenden Vertreter naturalistischer Plastik wurde. Sein *Milon von Kroton,* den er zwischen 1672 und 1682 für den Park von Versailles schuf, zeigt den berühmten Ringer, wie ihn Ovid in seinen »Metamorphosen« beschrieb: als alternden Athleten, der den Angriff des Löwen nur schwer abwehren kann (Abb. Mitte).

Der klassizisierenden Strömung in der französischen Skulptur war weitaus mehr Erfolg beschieden. Sie hatte bereits im 16. Jahrhundert mit Jean Goujon und Germain Pilon hervorragende Vertreter gefunden. Nun übertrug Jacques Sarrazin (1592–1660) die antikisierenden Formen in die Sprache des 17. Jahrhunderts. Seine *Karyatiden* am Pavillon de l'Horloge, dem Mittelteil des unter Ludwig XIII. errichteten Westflügels der Cour Carrée des Louvre, sind deutlich klassischen Vorbildern verpflichtet (Abb.S. 175 oben). Als Mitbegründer der Académie Royale förderte Sarrazin nachdrücklich das Studium der Antike.

François Girardon (1628–1715) vervollkommnete den französischen Barockklassizismus in seinen Werken für den Versailler Schlosspark und im Grabmal des Kardinals Richelieu in der Chapelle de la Sorbonne. Das zwischen 1675 und 1694 gefertigte Denkmal, das den großen Staatsmann, von Religio gestützt und von Scientia betrauert, auf dem Totenbett lagern lässt, ist vollkommener Ausdruck der Polaritäten seiner Zeit (Abb. S. 174).

S. 177 oben: **Gilles Guérin, Balthasar und Gaspard Marsy,** Sonnenrosse, 1668–75, Versailles, Schlossgarten

S. 177 unten: **Jean-Baptiste Tuby,** Apollobrunnen, Detail, 1668–70, Blei, vergoldet, Versailles, Schlossgarten

François Girardon, Bad des Apoll, 1666–75, Marmor und Felsstein, lebensgroß, Versailles, Schlossgarten

Skulpturen im Schlosspark von Versailles

Eine weitaus unbeschwertere Weltsicht offenbart sich in den Brunnenanlagen von Versailles. Das einzigartige *Bad des Apoll* (1666–75; Abb. S. 176), inhaltlicher wie optischer Kulminationspunkt des Schlossgartens, ist Girardons heiterstes Werk: Von der Fahrt mit dem Sonnenwagen erschöpft, wird der Lichtgott von Nymphen gebadet und gesalbt – natürlich eine Parabel auf den Tageslauf Ludwigs XIV. Als Pendant dazu schufen Gilles Guérin und die Gebrüder Marsy die Gruppe der Sonnenrosse, die von Tritonen zur Tränke geführt werden (1668–75; Abb. rechts). Auch Jean-Baptiste Tuby nahm sich des Themas an, indem er den Apollobrunnen in der Hauptachse des Parks entwarf (1668–70; Abb. unten).

Antoine Coysevox

Gleichfalls an der plastischen Ausgestaltung von Versailles beteiligt war Antoine Coysevox (1640–1720), der vor allem als Porträtbildner brillierte. Aus Lyon stammend, kam er 1657 nach Paris, wo er 1666 zum *Sculpteur du Roi,* zum Hofbildhauer, berufen wurde und 1702 das Amt des Direktors der Pariser Akademie übernahm. Für den Salon de la Guerre im Schloss von Versailles schuf er das berühmte monumentale Stuckrelief, das Ludwig XIV. als Bezwinger seiner Gegner zeigt. Im Habitus eines römischen Imperators reitet der König über die sterbenden Feinde hinweg und erwartet die Krönung durch Fama. Zu Coysevox' späteren Werken im Auftrag des Adels gehört der Kenotaph des Kardinals Mazarin, welcher überaus lebendig, im Vollbesitz seiner Macht und Würde, auf seinem Grabmal kniet (1689–93; Abbn. S. 180). Zu Füßen des Sarkophags lagern die Allegorien von Prudentia, Pax und Fidelitas (die beiden Ersteren Werke des Jean-Baptiste Tuby) und illustrieren die Tugenden des Verstorbenen. Nach Zeichnungen von Le Brun entstanden die Brunnen der Vier Jahreszeiten mit den Gottheiten Flora, Ceres, Bacchus und Saturn (Abbn. S. 178/79).

Die Jahreszeitenbrunnen im Schlossgarten von Versailles, 1672–79, Flora- oder Frühlingsbrunnen (Jean-Baptiste Tuby; S. 178 oben), Ceres- oder Sommerbrunnen (Régnaudin; S. 178 unten), Bacchus- oder Herbstbrunnen (Balthasar und Gaspard Marsy; oben) Saturn- oder Winterbrunnen (François Girardon; unten)

Antoine Coysevox, Grabmal (Kenotaph) des Kardinals Mazarin, 1689–93, Marmor und Bronze, Paris, Institut de France

Jean-Baptiste Tuby, Prudentia, Detail vom Grabmal des Kardinals Mazarin, 1689–93, Bronze, Höhe 140 cm, Paris, Institut de France

Das 18. Jahrhundert

Die Arbeiten der Coysevox-Neffen und -Mitarbeiter Nicolas und Guillaume Coustou belegen das Eindringen des Rokoko in die streng klassizistische Auffassung der französischen Skulptur; doch bereits ihr berühmter Schüler, Edmé Bouchardon (1698–1762), wandte sich erneut einer antikisierenden Formensprache zu: Die Fontaine Grenelle, der Vierjahreszeitenbrunnen der Stadt Paris, verweist auf den Klassizismus des späteren 18. Jahrhunderts.

Bouchardons Zeitgenosse René Michel Slodtz (1705–64), Spross einer flämischen Bildhauerfamilie, griff noch einmal die Gestaltungsprinzipien des römischen Barock auf: Im Grabmal des Languet de Gergy in der Pariser Kirche St-Sulpice wird der Betrachter Zeuge eines dramatischen Kampfes zwischen dem Sensenmann und einem Engel, der den Mantel des Todes von dem flehenden Edelmann fernzuhalten versucht (1753; Abb. S. 181 unten).

Jean Baptiste II Lemoyne (1704–78) und sein Schüler Jean Antoine Houdon (1741–1828) gelten als die bedeutendsten französischen Bildniskünstler des 18. Jahrhunderts. Noch einmal spiegeln sie das ambivalente Menschenbild des ausgehenden Barockzeitalters wider: Die höfisch-repräsentative Grundhaltung des Comte de la Tour d'Auvergne wird bereits von Zügen einer individuellen Persönlichkeit überlagert (1765; Abb. S. 181 oben links), und die Büste der Mademoiselle Servat (1777; Abb. S. 181 oben rechts) lässt – bei aller Stilisierung – eine tiefe Menschlichkeit erahnen.

Oben links: **Jean-Baptiste II Lemoyne,** Büste des Comte de la Tour d'Auvergne, 1765, Marmor, Höhe 71 cm, Frankfurt am Main, Liebieghaus

Oben: **Jean-Antoine Houdon,** Büste der Mademoiselle Servat, 1777, Marmor, Höhe 76,5 cm, Frankfurt am Main, Liebieghaus

René Michel (Michel-Ange) Slodtz, Grabmal des Languet de Gergy, 1753, Marmor, Paris, St-Sulpice

Niederlande

Hendrik de Keyser (1565–1621) war Stadtbaumeister und zugleich der begabteste Barockbildhauer der nördlichen Niederlande. Sein Hauptwerk, von seinem Sohn vollendet, ist das Freigrab Wilhelms I. von Oranien-Nassau, genannt der Schweiger, in der Nieuwe Kerk in Delft (1614–22; Abb. unten). Es handelt sich dabei um ein so genanntes Praalgraf (Prahlgrab), ein architektonisch aufwändig ausgestaltetes Mausoleum, das hier innerhalb des Chorpolygons aufgestellt ist. Unter einem spätmanieristischen Baldachin erscheint der verstorbene Prinz gleich zweifach, als marmorne Liegefigur und als bronzenes Sitzbild, umgeben von den Allegorien Gerechtigkeit, Freiheit, Religion und Tapferkeit.

Nach de Keysers Tod stagnierte die holländische Skulptur, Meister aus dem flämischen Süden begannen in beiden Landesteilen zu arbeiten. Unter ihnen ragen die Bildhauer Artus Quellinus d. Ä. (1609–68) und Lucas Fayd'herbe (1617–97) hervor, die beide aus dem Rubens-Umkreis stammten und dessen Stil in die dritte Dimension übertrugen. Artus Quellinus d. Ä. war Schüler von François Duquesnoy in Rom, arbeitete dann in Antwerpen und ließ sich 1650 in Amsterdam nieder, wo er an der plastischen Ausgestaltung des Rathauses (s. S. 105) mitwirkte und unter anderem die Vierergruppe der Karyatiden der Gerichtshalle schuf. Die Marmorbüste des Anton de Graeff (Abb. rechts) entstand 1661, sie gibt den Porträtierten in würdevollem Gestus und

repräsentativer Kleidung wieder. Der Bildhauer und Architekt Lucas Fayd'herbe stand ebenfalls in engem Kontakt zu Rubens, in dessen Haus er 1636–39 lebte und arbeitete. Nach der Rückkehr in seine Heimatstadt Mecheln wirkte er dort an der Umgestaltung verschiedener Kirchen mit. In der Kathedrale errichtete er den Hochaltar (Entwurf W. Hesius) und schuf, vermutlich schon zu dessen Lebzeiten, das eigenwillige Grabmal des Erzbischofs Andreas Cruesen (vor 1666[?]; Abb. S. 183 unten). Das Werk verrät die Kenntnis Rubens'scher Werke: Der Erzbischof kniet vor dem Auferstehenden, er trägt das volle Ornat, hat aber die Mitra abgelegt. Hinter ihm wendet sich Chronos ab und signalisiert damit das Nahen des Todes.

S. 182 oben: **Artus Quellinus d. Ä.,** Büste des Anton de Graeff, 1661, Marmor, Amsterdam, Rijksmuseum

S. 182 unten: **Hendrik de Keyser,** Grabmal Wilhelms I. von Oranien-Nassau, 1614–22, Marmor und Bronze, Delft, Nieuwe Kerk

Links: **Rombout Verhulst,** Grabmal des Johan Polyander van Kerchoven, 1663, Marmor, Leiden, Pieterskerk

Unten: **Lucas Fayd'herbe,** Grabmal des Erzbischofs André Cruesen, vor 1666(?), Marmor, Mechelen, Kathedrale

Im Gegensatz zu dem eklektischen Stil von Fayd'herbe entwickelte der Quellinus-Schüler Rombout Verhulst eine sehr sensible Formensprache. Sein Grabmal des Johan Polyander van Kerchoven in der Pieterskerk von Leiden zeigt den Verstorbenen als Schlafenden, das Haupt in die Hand gestützt, die Züge entspannt (1663; Abb. oben). Haut und Haar sind naturalistisch behandelt, das edle Tuch des Gewands liegt in tiefen Falten.

Nicht nur die Grabplastik fand zu beachtlichen Lösungen, die Löwener Jesuitenkirche erhielt 1695–99 eine vielfigurige barocke Kanzel, die mit der Auflösung des Ordens 1773 nach Stes-Michel-et-Gudule in Brüssel verbracht wurde (Abbn. S. 184/85). Das künstlerisch wie inhaltlich anspruchsvolle Werk ist Hendrik Frans Verbrugghen (1654–1724) zu verdanken, der zuvor in Antwerpen tätig war. Ihr ikonographisches Programm behandelt die Heilsgeschichte, die im Alten Testament ihre Entsprechung findet: So ruht der Kanzelkorb auf einem kräftigen Baumstamm, dessen Verästelungen über den Schalldeckel emporwachsen. Vor dieser lieblichen Kulisse erblickt man die aufrüttelnde Szene der Vertreibung aus dem Paradies, die hier durch die Anwesenheit des Todes an Dramatik gewinnt. Erlösung verspricht dagegen die Mondsichelmadonna, die hoch über dem Schalldeckel mit dem Christusknaben erscheint. Der Kanzelkorb soll an eine Weltkugel erinnern, die auf dem Rücken der Stammeltern ruht.

Hendrik Frans Verbrugghen, Kanzel, 1695–99, Gesamtansicht (links) und Detail des Kanzelkorbes mit Vertreibung aus dem Paradies (gegenüber), Eichenholz mit Gold, Höhe ca. 700 cm, Brüssel, Saints-Michel-et-Gudule

Skulptur in England

Nach Säkularisation und Bildersturm konnte die englische Skulptur nur schwer an ihre mittelalterlichen Glanzzeiten anknüpfen. Der einzige Bildhauer internationalen Formats war Nicholas Stone d. Ä. (1586–1647), der in Amsterdam und s' Hertogenbosch an der Seite von Hendrik de Keyser (s. S. 105) gearbeitet hatte und später sein Schwiegersohn wurde. In Holland sind daher die Wurzeln seines qualitätvollen Œuvres zu suchen, das vor allem Grabdenkmäler umfasst. Als Architekt assistierte Stone Inigo Jones (s. S. 95), u. a. beim Bau des Banqueting House und der Vorhalle von St. Paul's Cathedral in London. Um 1617 entstanden zwei seiner bedeutendsten Marmorarbeiten, das Grabmal des Sir William Curle in Hatfield, Hertfordshire (Abb. oben) sowie das Monument für Lady Elizabeth Carey in Stowe-Nine-Churches, Northamptonshire (Abbn. unten). Beide stellen den Tod in einem unbeschönigten Naturalismus dar. Der nackte Körper des Sir William Curle ist lediglich in ein Leintuch gehüllt, doch strahlt der verwesende Leichnam noch immer gelassene Würde aus. Stone greift in dieser erschütternden Darstellung ein Motiv des Franzosen Germain Pilon auf, der im 16. Jahrhundert König Heinrich II. und Katharina de' Medici in ähnlich bewegender Weise darstellte. Allerdings ist nun die Plastik stark zurückgenommen. Der Körper Sir Williams zeichnet sich kaum über der Grabplatte ab, wirkt wie in den Boden eingesunken. Das ungewöhnlich zur Seite gewandte Liegemotiv rekurriert auf die englische Skulptur der Gotik. Lady Elizabeth Carey dagegen liegt ausgestreckt auf einem Katafalk, ihre rechte Hand ruht auf

Nicholas Stone d. Ä., Grabmal des Sir William Curle, um 1617, Marmor, Hatfield, Hertfordshire

Louis François Roubiliac, Büste des Dr. John Belchier, 1749, Marmor, lebensgroß, London, Royal College of Surgeons of England

Nicholas Stone d. Ä., Grabmal für Lady Elizabeth Carey, um 1617, Marmor, lebensgroß (Detail oben), Stowe-Nine-Churches, Northamptonshire

der Brust, ist nicht mehr – wie in älteren Werken üblich – mit der linken zum Gebetsgestus vereint. In beiden Fällen brachte der Bildhauer innovative Motive in die barocke Grabskulptur Englands ein. Dominierte Nicholas Stone d. Ä. die Skulptur des 17. Jahrhunderts, so prägte der in Lyon geborene Louis François Roubiliac (um 1703–62) das frühe 18. Jahrhundert, die Epoche des Rokoko. Roubiliac lernte bei Balthasar Permoser in Dresden sowie bei Nicolas Coutou in Paris; die dortige Akademie verlieh ihm 1730 den zweiten Preis für Skulptur. 1735 ließ er sich in England nieder und reüssierte mit Bildnisbüsten und Denkmälern. Roubiliacs Ruhm sicherte die berühmte Statue Georg Friedrich Händels für Vauxhall-Garden in London. Sie entstand 1738, zu Lebzeiten des Komponisten, und zeigt ihn sitzend beim Spiel der Lyra. 1761 sollte er Händels Grabmal meißeln. Roubiliacs virtuose Porträts zeichnen ein wirklichkeitsnahes Abbild des Dargestellten, der in einfacher, zeitgemäßer Kleidung erscheint, wie auch Dr. John Belchier (1749, Abb. S. 186 oben rechts). Roubiliacs Meisterwerk ist das anrührende Grabmal für Joseph und Lady Elisabeth Nightingale in der Londoner Westminster Abbey (Abb. rechts). Wie in vielen vergleichbaren Monumenten des 18. Jahrhunderts steht nicht mehr das isolierte Abbild des Verstorbenen im Mittelpunkt, vielmehr erzählt das architektonisch-plastische Ensemble eine Geschichte, die den Betrachter zum Mitempfinden bewegt. In diesem Fall geht es um das Schicksal der jungen Mrs. Nightingale, die auf der Terrasse ihrer Hauses von einem Blitzschlag derart erschreckt worden war, dass sie ihr ungeborenes Kind verlor und starb. Aus der unter der Terrasse sich öffnenden dunklen Gruft tritt der Tod hervor und zielt mit dem Schwert blitzartig auf die Frau, die in die Arme ihres Gatten sinkt. Selbst dieser vermag die Katastrophe nicht mehr abzuwehren, der Triumph des Todes ist unabwendbar (1760; Abb. oben). Auch wenn das Grabmal bereits den einsetzenden Klassizismus erahnen lässt, so sind in der tragischen Zuspitzung und der bewegten Komposition die Anregungen Berninis unverkennbar. Roubiliac hatte dessen Werke während einer Romreise 1752 studiert.

Louis François Roubiliac, Grabmonument für Joseph und Lady Elizabeth Nightingale, 1760, Marmor, London, Westminster Abbey

Hans Krumper, Herzog Albrecht von Bayern, Standfigur vom Grabmal Kaiser Ludwigs des Bayern, 1619–22, Bronze, überlebensgroß, München, Frauenkirche

Deutsches Reich

1. Hälfte 17. Jahrhundert

Die Wirren des 17. Jahrhunderts, allen voran der 30-jährige Krieg, hatten eine kontinuierliche Entwicklung barocker Plastik in den Grenzen des Deutschen Reiches verhindert. Aufgespalten in 35 Kleinstaaten, hin- und hergerissen zwischen protestantischem Ikonoklasmus und gegenreformatorischer Bildrhetorik, gehorchte die Bildhauerkunst im Zentrum Europas denkbar unterschiedlichen Bedingungen. Dies hatte jedoch auch Vorteile: Einzelne Handelsstädte und Residenzen, so etwa Augsburg, Nürnberg und München, Danzig, Prag und Wien, vermochten vielfältige schöpferische Kräfte an sich zu ziehen. Es waren vor allem Flamen und Holländer, die stilistische Neuerungen und technische Fertigkeiten – wie beispielsweise den Bronzeguss – nach Deutschland vermittelten. Die meisten von ihnen hatten ihre Ausbildung in Italien erfahren; nun transportierten sie manieristische sowie frühbarocke Tendenzen aus Florenz und Bologna in die noch spätmittelalterlich geprägten Lande nördlich der Alpen.

Ein charakteristischer Fall ist der um 1540 in Amsterdam geborene Bronzebildner Hubert Gerhard (gest. 1622/23), ein Schüler Giambolognas, der 1581 in die Dienste des Hauses Fugger in Augsburg trat und der Stadt zu ihrem 1600-jährigem Bestehen den Augustusbrunnen errichtete – ein deutlicher Reflex des Florentiner Manierismus und eine der ersten monumentalen Brunnenanlagen Deutschlands. Für St. Michael in München schuf er die überlebensgroße Bronzeplastik des Kirchenpatrons, der in dramatischer Geste den geblendeten Satan durchbohrt (1588; Abb. S. 189 unten Mitte).

Gerhards Schüler, dem Weilheimer Hans Krumper (1570–1634), verdankt Bayern sein Wahrzeichen, die Statue der *Patrona Boiariae* an der Fassade der Münchner Residenz (1615; Abb. S. 189 unten links). Neben der volkstümlichen Muttergottes schuf Krumper mit seinen Gießern zahlreiche Grabdenkmäler, auch sie Hauptwerke der Bronzeskulptur. Die prachtvoll gekleideten Herzogsfiguren, die heute das Grabmal Ludwigs des Bayern in der Frauenkirche zieren, waren als Teil des – unvollendeten – Mausoleums Wilhelms V. gefertigt worden (Abb. links).

Wie Hubert Gerhard lernten auch der Niederländer Adriaen de Vries (um 1545–1626) und der Schongauer Hans Reichle (um 1570–1642) in Giambolognas Werkstatt. Beide schufen für die Reichsstadt Augsburg repräsentative Meisterwerke, de Vries ab 1596 den Merkur- und den Herkulesbrunnen (Abb. S. 189 unten rechts), Reichle zwischen 1603 und 1606 die grandiose Michaelsgruppe an der Fassade des Zeughauses (Abb. S. 189 oben). Barocke Stilprinzipien sind nun vollends entwickelt: Theatermäßig inszeniert, agieren die Figuren in raumgreifenden, dramatischen Gesten.

Neben diesen großplastischen Werken im öffentlichen Raum schufen die Bildhauer des frühen 17. Jahrhunderts eine Reihe von

Rechts: **Hans Reichle,** Michaelsgruppe, 1603–06, Bronze, überlebensgroß, Augsburg, Zeughaus

Unten links: **Hans Krumper,** Patrona Boiariae, 1615, Bronze, Höhe ca. 300 cm, München, Residenz

Unten Mitte: **Hubert Gerhard,** Erzengel Michael, 1588, Bronze, überlebensgroß, München, St. Michael

Unten rechts: **Adriaen de Vries,** Herkulesbrunnen, 1596–1602, Marmor und Bronze, Augsburg

Retabeln und Epitaphien. Zwar ist dem mächtigen Marienaltar Jörg Zürns (1607–35; Abb. S. 190) das Vorbild spätgotischer Schnitzaltäre noch deutlich anzumerken, doch durchdringt die architektonisch gerahmten Szenen nun eine packende Dynamik. Für den Passionsaltar im Aschaffenburger Schloss wählte Johannes Juncker (um 1582–nach 1623) roten und schwarzen Marmor, um die szenischen Reliefs und die bewegten Heiligenfiguren dramatisch zur Geltung zu bringen (Abb. links).

Auch in den protestantischen Regionen fanden die Bildhauer ein reiches Betätigungsfeld. So wirkte am Hof zu Bückeburg die Bildhauerfamilie Wolff, Vater Eckbert d. Ä. sowie die Söhne Eckbert d. J. und Jonas. Im Goldenen Saal der Residenz und in der Schlosskapelle hinterließen sie ausdrucksstarke Werke, darunter den berühmten, von lebensgroßen knienden Engeln getragenen Altartisch (zwischen 1601 und 1604).

S. 190: **Jörg Zürn,** Marienaltar, 1613–16, Lindenholz, ungefasst, Überlingen, Stadtpfarrkirche

Oben: **Johannes Juncker,** Passionsaltar, 1609–13, schwarzer und roter Marmor, Alabaster, Aschaffenburg, Schlosskapelle

Rechts: **Georg Petel,** Ecce Homo, 1630/31, Lindenholz, farbig gefasst, Höhe 175 cm, Augsburg, Domchor

Andachtsbildern, die die Ausdrucksfülle ihrer Epoche offenbaren. Hervorgehoben seien die Bronze *Christus im Elend,* ein aufrüttelndes Werk des Adriaen de Vries von 1607, oder das *Ecce Homo* des früh verstorbenen Georg Petel (1601/02–34), das den geschundenen Christus in verhaltenem Pathos wiedergibt (Abb. rechts). Petel, der in Rom François Duquesnoy, in Genua Anthonis van Dyck und in Antwerpen Peter Paul Rubens zu seinen Freunden zählte, war ein ungemein begnadeter Bildhauer, der die deutsche Skulptur auf höchstes Niveau zu heben vermochte.

Ein reiches Betätigungsfeld bot sich den Schnitzern und Steinmetzen in der Ausführung von

2. Hälfte 17. Jahrhundert

Nur schwer erholte sich das Deutsche Reich vom Desaster des 30-jährigen Krieges; der Bedarf an Künstlern und die Nachfrage nach Kunstwerken waren gering. Umso erstaunlicher erscheint das Auftreten eines Justus Glesker, der um die Jahrhundertmitte für den Bamberger Dom die römisch beeinflusste Kreuzigungsgruppe schuf (1648–53; Detail unten rechts). So rätselhaft der Werdegang des aus Hameln stammenden, in Italien geschulten Bildhauer ist, so schwer ist die stilkritische Einordnung seines Werkes.

Erst im letzten Jahrhundertviertel gewann die deutsche Bildhauerkunst langsam wieder an Boden. Dies war vor allem der handwerklichen Tradition alpenländischer Werkstätten zu verdanken. Aus Ried am Inn stammend, arbeitete Thomas Schwanthaler (1634–1707) im Innviertel und im Salzkammergut, wo er den prachtvollen vergoldeten Doppelaltar von St. Wolfgang am Abersee hinterließ (1675/76; Abb. unten). Der im benachbarten Kloster Mondsee tätige Meinrad Guggenbichler (1649–1723) vermochte seinen Holzplastiken wie kaum ein Zweiter Verinnerlichung und Empfindsamkeit zu verleihen (Abb. rechts).

Süddeutsche und niederländische Tendenzen verschmelzen im Werk des Matthias Rauchmiller (1645–86), der vom Bodensee nach Antwerpen und in die Rheinlande wanderte und in Wien seine Karriere beschloss. In der Trierer Liebfrauenkirche hinterließ er das großartige Grabmal des Karl von Metternich, dessen Lebensnähe eine neue Seite deutscher Porträtkunst aufschlug: Die malerisch lagernde Marmorfigur gehorcht nur noch bedingt den Gesetzen höfischer Repräsentation, Rauchmiller interessierte der Mensch als Individuum, das Abbild des Momentanen. So scheint der Domherr mit kritischem Blick in einem Buch zu blättern, sein kostbares Gewand wirkt zerknittert, sein Haar zerzaust (um 1675; Abb. S. 193 oben).

Als Wien 1678/79 von einer Pestepidemie heimgesucht wur-

Oben: **Meinrad Guggenbichler,** Christus mit der Dornenkrone, um 1682, Holz, farbig gefasst, leicht unterlebensgroß, Mondsee (Salzkammergut), ehemalige Klosterkirche

Rechts: **Justus Glesker,** Trauernde Maria aus der Kreuzigungsgruppe des Bamberger Doms, 1648–53, Holz, neu vergoldet, Gesamthöhe 220 cm, Bamberg, Dom

Links: **Thomas Schwanthaler,** Detail des Doppelaltares von St. Wolfgang, 1675/76, St. Wolfgang am Abersee, Salzkammergut

Matthias Rauchmiller, Grabmal des Karl von Metternich, 1675, Marmor, leicht überlebensgroß, Trier, Liebfrauenkirche

Links: **Paul Strudel,** Kaiser Leopold I. und die Allegorie des Glaubens, Detail der Wiener Pestsäule, 1692, Marmor, lebensgroß, Wien, Graben

de, gelobte Kaiser Leopold I. die Errichtung einer der Hl. Dreifaltigkeit geweihten Holzsäule. 1682 entschied man sich, diese durch ein Marmormonument zu ersetzen, für das Rauchmiller erste Entwürfe lieferte. Da der Künstler 1686 starb, wurden die Pläne durch Johann Bernhard Fischer von Erlach und Ludovico Burnacini modifiziert und schließlich von Paul Strudel und Mitarbeitern 1692 vollendet. Letzterem ist die Ausgestaltung der Schlüsselszene zu verdanken, in der die Allegorie des Glaubens über die Pest – dargestellt als hässliches altes Weib – triumphiert (Abb. links).

18. Jahrhundert

Das grandiose plastische Werk des aus Danzig gebürtigen Bildhauers und Baumeisters Andreas Schlüter (1664–1714) steht an der Wende zum 18. Jahrhundert. Zunächst in Warschau tätig, übernahm er 1694 auf Berufung durch den Kurfürsten Friedrich III. in Berlin die Stelle des kurbrandenburgischen Hofbildhauers und wurde ab 1698 auch mit architektonischen Aufgaben betraut (s. S. 142). Seine Helme und Masken, die er zum Schmuck des Zeughauses ausführte, sind frühe Meisterwerke. Der *Sterbende Krieger,* Dekor eines Schlusssteins im Hof des einstigen Waffenarsenals, offenbart in bestürzender Weise menschliches Leid im Angesicht des Todes. Es existieren nur wenige Werke der europäischen Plastik, die dieses Thema eindringlicher zu gestalten vermochten.

Mit dem Reiterstandbild des Großen Kurfürsten schuf Schlüter nicht nur eines der berühmtesten Denkmale des Barock, sondern auch das erste großfigurige Reitermonument auf deutschem Boden (1698–1708; Abb. rechts). Ursprünglich auf der Langen Brücke in Sichtachse des Stadtschlosses aufgestellt, überlebte es den 2. Weltkrieg auf dem Grund des Tegeler Sees und fand 1952 im Ehrenhof des Schlosses Charlottenburg den Standort, den es heute noch hat. Michelangelo und Bernini hatten Pate gestanden zu der dynamisch-bewegten imperialen Reiterfigur, die das ungestüme Pferd majestätisch zu zügeln vermag. Den Sockel flankieren gefesselte Sklaven, deren pathetische Gesten in den Raum überleiten; sie wurden nach Schlüters Entwurf von anderen Künstlern ausgeführt.

Für den benachbarten sächsischen Hof arbeitete ab 1689 Balthasar Permoser (1651–1732), ein Bauernsohn aus dem Chiemgau. Er hatte 14 Jahre lang in Italien die Bildhauerkunst studiert, vor allem Berninis späte

Andreas Schlüter, Reiterstandbild des Großen Kurfürsten Friedrich Wilhelm I., 1698–1708, Bronze auf Steinsockel, Gesamthöhe 560 cm, Berlin, Schloss Charlottenburg

S. 195: **Balthasar Permoser,** Bauplastik des Dresdner Zwingers, 1711–18, Dresden, Zwinger

S. 196: **Egid Quirin Asam,** Himmelfahrt Mariens, 1722/23, Rohr, Klosterkirche der Augustiner-Chorherren

Links: **Johann Anton Feuchtmayer,** Hl. Joachim, 1749, Stuck, lebensgroß, Birnau, Wallfahrtskirche

Rechts: **Franz Ignaz Günther,** Pietà, 1758, Holz, farbig gefasst, Kircheiselfing bei Wasserburg, St. Rupertus

Unten: **Johann Christian Wenzinger,** Trauernder Genius vom Staufener Ölberg, 1745, Terrakotta, farbig gefasst, Höhe 54 cm, Frankfurt a. M., Liebieghaus

Arbeiten. Permosers Hauptwerk bilden die bukolischen Hermenpilaster des Dresdner Zwingers (heute stark ergänzt), die die heitere Festarchitektur von Matthäus Daniel Pöppelmann kongenial ergänzen (1711–18, Abb. S. 195, s. auch S. 138/39). Unter seinen späteren Arbeiten ragt die *Apotheose des Prinzen Eugen von Savoyen* in Wien hervor, in der der Künstler seiner sehr eigenen, unkonventionellen Bildsprache freien Raum ließ.

Berninis Kunst prägte auch die Gebrüder Asam, Cosmas Damian (1686–1739) und Egid Quirin (1692–1750). Sie hatten ebenfalls eine Studienreise nach Rom unternommen, bevor sie im bayrisch-Pfälzer Raum ihre illsionistischen Gesamtkunstwerke schufen (s. S. 126/27). Während Cosmas Damian in erster Linie als Maler arbeitete, schmückte der Bildhauer und Stukkateur Egid Quirin die gemeinsam konzipierten Innenräume mit sinnlich-visionären Bildwerken. Grandiose Beispiele ihrer theatralischen Rauminszenierung und dramatischen Lichtführung sind das Altarwerk der *Himmelfahrt Mariens* in Rohr (1721–36 bzw. 1717–25; Abb. S. 196) und der Hochaltar des hl. Georg in Weltenburg. Den Betrachter empfängt ein

großartiges Spektakel, ein wahres *theatrum sacrum,* das seine Wirkung nicht verfehlt haben dürfte.

Gelten die Gebrüder Asam als Begründer des bayerischen Rokoko, sieht man in Ignaz Günther (1725–75) dessen Vollender. Bei Günther ist die ekstatische Haltung der Figuren einer verhaltenen, jedoch nicht minder bewegenden Verinnerlichung gewichen. Das Thema der Vesperbilder, das er zeit seines Lebens immer wieder aufgriff, erlaubt einen tiefen Einblick in die Entwicklung des Künstlers: Steht bei der frühen Pietà in Kircheiselfing der intime mütterliche Schmerz deutlich im Vordergund (1758; Abb. oben), so wird 16 Jahre später die heroisch-idealisierte Trauer zum Bildinhalt.

Der expressive Ausdruck von Gefühlen war auch das Anliegen von Joseph Anton Feuchtmayer (1696–1770), der in der Stuckplastik die ihm entsprechende Technik fand (Abb. oben links).

Am Oberrhein wirkte der in Italien und an der Pariser Akademie geschulte Breisgauer Johann Christian Wenzinger, der vor allem mit seinen naturalistischen Terrakotten Berühmtheit erlangte. Die Figuren vom Staufener Ölberg (1745; Abb. S. 197 unten) – darunter befindet sich auch ein Selbstbildnis, das den Künstler als Zuschauer des Geschehens zeigt – verraten deutlich das Ringen um Unmittelbarkeit des Ausdrucks.

In dem Werk des Niederösterreichers Georg Raphael Donner (1693–1741) vereinigen sich spätbarocke und klassizistische Züge. Dies lässt ihn als Brücke zwischen vergangenen und kommenden Stilformen erscheinen. Seine besondere Ausdrucksform fand Donner im Bleiguss, dem er antikische, schönlinige Formen abgewann. Zwischen 1737 und 1739 schuf er in Wien den Mehlmarkt- oder Providentiabrunnen mit den lagernden Allegorien der Flüsse Ybbs, Enns, March und Traun, die sich in die durch das Wasser im Becken des Brunnen selbst vertretene Donau ergießen (Abb. S. 199). Ein Spätwerk Donners stellt die Beweinungsgruppe dar, die sich im Dom von Gurk befindet; sie ist ebenfalls ein Werk aus Blei (1740/41; Abb. unten).

Der in Österreich wirkende Joseph Thaddäus Stammel (1699–1765) widmete sein Leben der Ausgestaltung der Stiftsbibliothek in Admont. Sprechendes Zeugnis seiner Kunst sind *Die Hölle* und *Der Tod;* sie gehören zur Skulpturengruppe der *Vier Letzten Dinge,* die er um 1760 in Holz schnitzte (Abbn. S. 200 unten).

Georg Raphael Donner, Beweinungsgruppe, 1740/41, Blei, Höhe 220 cm, Breite 280 cm, Gurk, Dom

S. 199: **Georg Raphael Donner,** Mehlmarktbrunnen, 1737–39, Blei-Zinnlegierung, Höhe 337 cm, Wien, Österreichische Galerie

Adam Ferdinand Dietz (Tietz),
Der Parnass, 1766, Sandstein, ehemals vergoldet, Veitshöchheim bei Würzburg, Schlossgarten

S. 201: **Franz Xaver Messerschmidt,**
Vier Charakterköpfe, 1770–83
Ein Erzbösewicht (oben links), Zinn-Bleilegierung, Höhe 38,5 cm
Ein Erhängter (oben rechts), Alabaster, Höhe 38 cm
Ein wollüstiger Geck (unten links), Marmor, Höhe 45 cm
Zweiter Schnabelkopf (unten rechts), Alabaster, Höhe 43 cm

Unten: **Joseph Thaddäus Stammel,**
»Die Hölle« (links) und »Der Tod« (rechts) aus der Gruppe der »Vier letzten Dinge«, um 1760; Holz, bronziert, ca. 250 cm, Admont, Stiftsbibliothek

Die mit dem Rokoko verbundene heitere Seite des 18. Jahrhunderts vertritt der Böhme Adam Ferdinand Dietz (oder Tietz, 1709–77), der mit der Ausgestaltung der fränkischen und Trierer Schlossgärten betraut war. Seine dekorativen Sandsteinfiguren mythologischen und allegorischen Inhalts – hier der *Parnass* im Park von Veitshöchheim bei Würzburg – verraten ebensoviel Phantasie wie Kunstfertigkeit (1766; Abb. oben).

Am Ende dieses Überblicks stehen die spektakulären *Charakterköpfe* von Franz Xaver Messerschmidt (1736–83). Die grimassierenden Selbstporträts, ob Faszination des Irrsinns oder Abbild natürlicher Regungen, stehen an der Schwelle einer neuen Zeit, der Epoche der Aufklärung (1770–83; Abbn. S. 201).

Vanitas/Memento mori

Grabmal Kaiser Karls VI.,
um 1750, Detail (oben),
Gesamtansicht (unten),
Wien, Kapuzinergruft

Die Kunst des Barockzeitalters trägt oft verwirrende Erscheinungsformen. Ausufernder materieller Prachtenfaltung steht ein tiefer Glaubensernst gegenüber, ungehemmter diesseitiger Sinnesfreude das Wissen um den unausweichlichen Tod. Im Barockzeitalter wird das mittelalterliche Motto »Memento mori«, »Gedenke des Todes«, zum Leitmotiv einer aufgewühlten, von Existenzängsten bedrängten Gesellschaft. Das Motiv der Vanitas, der Nichtigkeit des irdischen Seins, durchzieht alle Künste. Nicht zufällig versteckt sich in den üppigen Stillleben der Zeit oft der Hinweis auf die Vergänglichkeit, ein Wurm, eine faule Beere oder ein angebissenes Stück Brot. Offensichtlicher schon sind andere beliebte Vanitas-Elemente: die Taschenuhr, das umgestürzte Glas, die abgebrannte Kerze, der Totenkopf. Als Personifikation erscheint Vanitas meist als

Paul und Peter Strudel,
Trauernde Maria vom Gruftaltar, 1711–17, Wien, Kapuzinerkirche

weibliche Figur mit Spiegel, dann auf das Laster der Eitelkeit verweisend. Päpste und Fürsten pflegten demonstrativ das Eingedenken des Todes: Nicht wenige schliefen neben ihrem offenen Sarg und ließen sich – natürlich auch zur Sicherung ihres Nachruhms – bereits zu Lebzeiten ihr Grabmonument errichten. Die Papstgrabmäler Berninis im Petersdom (siehe S. 157) legen davon beredt Zeugnis ab: Am Grabmal Urbans XIII. schreibt der Tod den Namen des Papstes – der letzte Strich ist noch nicht getan. Alexander VII. kniet, lebendig, oberhalb einer Tür, die als Tor des Todes ausgewiesen ist: Der Knochenmann selbst mit dem Stundenglas fungiert als Pförtner.
Ein bemerkenswerter Vorgang ist die Umgestaltung des Grabmals Karls VI. in der Wiener Kaisergruft: Karls Tochter, Maria Theresia, ließ die Rocailleornamente an den Ecken des Sarges durch gekrönte Totenköpfe ersetzen – ihr erschien das Grabmal, wie es Fischer von Erlach und Daniel Gran (u. a.) entworfen hatten, nicht angemessen (Abbn. links oben und unten).
Niemand hat das Thema Vergänglichkeit anschaulicher charakterisiert als der spanische Barockdichter Calderón de la Barca. In seinem allegorischen Schauspiel »El Gran Theatro del Mundo« (»Das große Welttheater«), erstmals aufgeführt 1645, übertrug er den antiken Topos vom »Leben als Spiel« auf seine Zeit: Im Laufe des Stückes überreicht »die Welt« jedem Spieler, ob König oder Bettler, die Requisiten seines Standes. Der Spieler betritt die Bühne durch eine Tür, »die Wiege«, und verlässt sie durch eine zweite, »das Grab«. Dies ist der Moment, in dem den »Schauspielern« ihre »Insignien« wieder abgenommen werden und sie erkennen, ob sie ihre Rolle erfüllt haben. Die niedergelegten Herrschaftssymbole auf dem Gemälde von Pieter Boel

Juan de Valdés Leal, Doppelbild In Ictu Oculi (links), Finis Gloriae Mundi (rechts), 1670–72, Öl auf Leinwand, je 220 x 216 cm, Sevilla, Hospital de la Caridad

illustrieren genau diesen dramatischen Augenblick, der über »Täuschung« und »Enttäuschung« des barocken Menschen entscheidet (Abb. unten). Bei Calderón sind es einzig der Bettler und die Weisheit, die nicht den Lastern der Hoffart und Eitelkeit erliegen und damit der Verdammnis entgehen.

Ein Spanier war es auch, der dem Thema seine vielleicht eindringlichste Form verlieh: Für das Hospital de la Caridad schuf Juan de Valdés Leal das Doppelbild *In Ictu Oculi* und *Finis Gloriae Mundi* (1670–72, Abbn. oben), das in bestürzender Weise die Vergänglichkeit thematisiert: Im ersten Bild mit der Beischrift »Im Angesicht des Todes« löscht ein Gerippe das Lebenslicht aus und hält die Zeit an. Alle Attribute diesseitiger Macht und Gelehrsamkeit sind im Absturz begriffen. Das zweite Gemälde, »Das Ende des weltlichen Ruhms«, zeigt Leichen in verschiedenen Verwesungsstadien, darunter die eines Bischofs und eines Calatrava-Ritters. Darüber erscheint die Hand Christi mit der Waagschale, auf der die Sieben Todsünden gegen Symbole christlichen Lebens aufgewogen werden.

Pieter Boel, Großes Vanitas-Stillleben, 1663, Öl auf Leinwand, 207 x 260 cm, Lille, Musée des Beaux Arts

Annibale Carracci, Triumph des Bacchus und der Ariadne, 1597–1604, Mittelbild der Deckenfresken der Galleria Farnese, Rom, Palazzo Farnese

Die Malerei des Barock

Italien

Die Wurzeln der italienischen Barockmalerei liegen in Bologna: Dort hatte Ludovico Carracci (1555–1619) zu frühen »barocken« Bildkompositionen gefunden: Seine Gemälde sind klar und räumlich aufgebaut, die Handlung auf wenige Protagonisten beschränkt, die Figuren natürlich und voluminös, häufig nach der Natur beobachtet. Ludovicos Vettern Agostino und Annibale (1557–1602 bzw. 1560-1609) folgten seinem Vorbild: Ein großartiges Beispiel des neuen Stils ist Annibales *Metzgerladen,* ein Küchenstück holländischer Tradition, in dem der junge Künstler dem väterlichen Metier malerische Seiten abgewinnt (vor 1583; Abb. unten).

Um ihre Lehrlinge in einer natürlichen Gestaltungsweise zu unterrichten, gründeten die Carraccis die (später so genannte) Accademia degli Incamminati, die junge Talente »auf den richtigen Weg« führen sollte. Tatsächlich gingen viele der großen Maler des 17. Jahrhunderts durch diese Schule. Agostino und Annibale zogen 1595 nach Rom, wo sie dem neuen, antimanieristischen Stil endgültig zum Durchbruch verhalfen.

In Odoardo Farnese fand vor allem Annibale den entscheidenden Förderer: Nach einem Probestück vertraute ihm der Kardinal die Freskenausstattung der Galerie seines Familienpalastes an, die Odoardo zwischen 1597 und 1604 gemeinsam mit Agostino und seinem Schüler Domenichino vollendete. Er schuf damit eine der großartigsten Deckendekorationen aller Zeiten: Das 20 Meter lange und sechs Meter breite Halbtonnengewölbe ist, ähnlich wie in Michelangelos Sixtinischer Kapelle, vollkommen mit Fresken überzogen. Im Mittelpunkt steht das lang gestreckte Hauptbild mit dem *Triumph des Bacchus und der Ariadne,* das von weiteren (Liebes-)Abenteuern der Götter- und Helden gerahmt ist (Abb. S. 204/05).

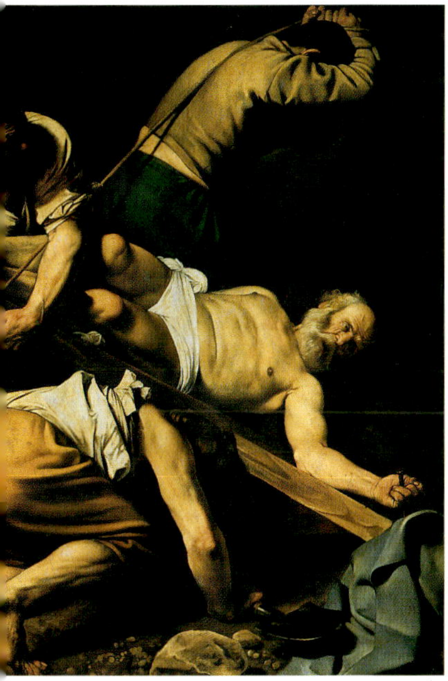

Scheinarchitekturen, steinfarben gemalte Atlanten und lebensechte *ignudi,* Aktfiguren, täuschen die Sinne.

Fast gleichzeitig mit den Carracci eroberte der Lombarde Michelangelo Merisi (1573–1610), den man nach seinem Heimatort Caravaggio nannte, die Kunstszene am Tiber. Sein Genie war und ist skandalumwittert: Der ungeschminkte Realismus seiner Altarbilder, die regelmäßig von offizieller Seite beanstandet oder zurückgewiesen wurden, verbunden mit dem Ungestüm eines kompromisslosen Charakters, ließ den Künstler schon zu Lebzeiten zur Legende werden.

1597 erhielt Caravagggio seinen ersten großen Auftrag, die Ausgestaltung der Contarelli-Kapelle in S. Luigi dei Francesi, wo er *Berufung, Inspiration und Martyrium des Apostels Matthäus* in neuem, dramatisch einfallendem Licht präsentierte. Schon 1601

S. 206: **Annibale Carracci,** Der Metzgerladen, vor 1583, Öl auf Leinwand, 190 x 271 cm, Oxford, Christ Church College

Oben links: **Caravaggio,** Kreuzigung Petri, 1601, Öl auf Leinwand, 230 x 117 cm, Rom, S. Maria del Popolo, Cappella Cerasi

Oben: **Caravaggio,** Rosenkranzmadonna, 1605/07, Öl auf Leinwand, 364 x 249 cm, Wien, Kunsthistorisches Museum

folgten zwei seiner Hauptwerke, die als Pendants gegebenen Altarbilder der Bekehrung des Saulus zum Paulus sowie die Kreuzigung Petri in S. Maria del Popolo (Abb. S. 207 links). Grelles Licht beleuchtet die ansonsten in dramatisches Dunkel gehüllten und aus nächster Nähe beobachteten Szenen; Menschen »aus dem Volke« werden hier zu Helden biblischen Geschehens erhoben. Auch die *Rosenkranzmadonna* in Wien (Abb. 207 rechts), 1605/07 wohl in Neapel für eine Kirche in Modena geschaffen, versetzt die Erscheinung der Muttergottes in ein überaus realistisches Ambiente: Neben dem Stifter und den beteiligten

Guido Reni, Der Bethlehemitische Kindermord, 1611, Öl auf Leinwand, 268 x 170 cm, Bologna, Pinacoteca Nazionale

S. 109: **Guercino,** Aurora, 1621–23, Deckenfresko, Rom, Casino dell'Aurora (Casino Ludovisi)

Unten: **Domenichino,** Das Gefolge der Diana beim Vogelschießen, 1617, Öl auf Leinwand, 225 x 320 cm, Rom, Galleria Borghese

Mönchen begleiten Bauern und einfache Leute die Szene.

Der Klassizismus der Carracci und der Naturalismus von Caravaggio bildeten die Pole, zwischen denen die europäische Barockmalerei sich fortentwickelte. Wurde Caravaggios dramatisches Helldunkel vor allem außerhalb Italiens rezipiert – zu nennen wären hierbei die Niederländer Rubens und Terbrugghen, der Deutsche Elsheimer, der Franzose Vouet und die Spanier Zurbarán und Ribera –, dominierte die Schule der Carracci die Kunstszene Roms und Norditaliens.

Wie viele besuchte auch der Bolognese Guido Reni (1575–1642) ab 1595 die Akademie der Carracci und folgte zunächst seinen Meistern nach Rom. Als einer der wenigen seiner Kollegen kehrte er jedoch in seine Heimat zurück; in Bologna schuf er seine Meisterwerke und begründete dort die bedeutende Bologneser Malerschule. Der *Bethlehemitische Kindermord* (1611; Abb. S. 208 oben) offenbart klar das klassische, von Raffael beeinflusste Kompositionsprinzip, doch sind in den Beleuchtungseffekten wie in der dramatischen Gestik der Figuren durchaus caravaggeske Elemente spürbar. In seinem Hauptwerk, dem Deckenfresko der *Aurora* im Casino Rospigliosi-Pallavicini, treten diese Züge allerdings hinter eine antikisch-klassizistische Auffassung zurück.

Die *Aurora* des Guercino (1591–1666) im Casino Ludovisi ist dagegen weitaus malerischer behandelt (1621; Abb. oben). Ihr Schöpfer, Giovanni Francesco Barbieri, wegen eines Augenfehlers Guercino, der Schielende, genannt, wurde zeit seines Lebens seiner lebendig erzählenden, kontrastreichen, jedoch

undramatischen Malweise wegen geschätzt.

Domenichino (eig. Domenico Zampieri, 1581–1641), der den Carracci im Palazzo Farnese assistiert hatte, galt den Zeitgenossen als größter Maler nach Raffael, gelang es ihm doch, die »wahre« – idealisierte – Schönheit der Natur ins Bild zu setzen und seinen »Historien« lyrische Stimmung zu verleihen. Von Annibale Carracci übernahm Domenichino die Liebe zur Landschaft, die er »nach der Natur«, d. h. nach Studien im Freien, festhielt. 1617 malte er im Auftrag des Kardinals Scipione Borghese *Das Gefolge der Diana beim Vogelschießen,* eine mythische Begebenheit nach Vergils fünftem Buch der »Äneis«, die der Kunsttheoretiker G. Agucchi dem Maler als Sujet nahe gelegt hatte (Abb. S. 208 unten).

Im zweiten Viertel des 17. Jahrhunderts suchten vermehrt ausländische Künstler in Rom ihr Glück. Aus den Niederlanden stammten die »Bamboccianti« (nach ital. *bamboccio* = entstellte Marionette, Einfaltspinsel, ein Kosename, der Pieter van Laer verliehen wurde). Sie brachten das Genre der Straßen- und Kneipenszenen nach Italien. Aus Frankreich kamen Nicolas Poussin und Claude Gellée, genannt Lorrain, deren klassische Landschaften und tiefgründige Sujets zum Inbegriff künstlerischer Perfektion und intellektueller Durchdringung wurden (s. S. 222–25).

Die Freskenmalerei erlebte weitere Höhepunkt mit den Arbeiten des Maler-Architekten Pietro Berrettini da Cortona (1596–1669; s. S. 34/35), der zwischen 1633 und 1639 im Palazzo Barberini das flächenmäßig größte Deckengemälde in Rom ausführte und der illusionistischen Raumdekoration ihren Weg wies.

Eine einzigartige Verquickung komplexer theologischer Inhalte und künstlerischer Bravour ist das Deckenfresko von S. Ignazio in Rom, das Andrea Pozzo (1642–1709) für die zweite große Kirche des Jesuitenordens gestaltete. Unter Aufbietung unzähliger Figuren und in hinreißenden Farbabstufungen schildert es *Die Verbreitung des Feuers der göttlichen Liebe durch den Jesuitenorden* (1691–94; Abb. S. 212/13). Das Großartigste des Werkes sind jedoch die virtuosen Scheinarchitekturen, die dem Betrachter die Öffnung des Kirchenschiffs in die Weite des Himmels vorgaukeln. In der Vierung gelang es Pozzo, die nicht ausgeführte Kuppel mit Hilfe der Malerei erstehen zu lassen. Sein Traktat »Prospettiva per i Pittori Architetti« wurde zu einem der einflussreichsten Werke.

Der geistreiche und unbequeme Neapolitaner Salvatore Rosa (1615–73) wirkte vorwiegend in Florenz und Rom, gleichermaßen als Maler, Satirenschreiber, Komponist wie als Schauspieler. Zunächst seiner Darstellungen von Schlachten wegen hoch gerühmt, widmete er sich später der Wiedergabe phantastischer, emotionaler Landschaften, wie sie beispielsweise auch die *Landschaft mit Apoll und Sybille* darstellt (1661; Abb. S. 210).

Eine ähnlich schillernde Künstlerpersönlichkeit ist Luca Giordano (1634–1705), der wegen seines Arbeitstempos auch »Luca, fá presto« (»Luca, mach schnell«) genannt wurde. Wie Rosa in Neapel geboren, schlug er sich bereits als Jüngling nach Rom und Venedig durch, wo er zunächst als Kopist großer Meister brillierte. Schließlich wurde er von Pietro da Cortona als Gehilfe herangezogen. Sein späteres eigenes, ungeheuer reichhaltiges Œuvre blieb von der Aneignung fremder Stile geprägt, eine Wandlungsfähigkeit, die ihm den Beinamen »Proteus der Maler« eintrug.

Im Alter von 72 Jahren schuf der nimmermüde Luca Giordano ein letztes dekoratives Meisterwerk. Der *Triumph der Judith* in der Schatzkapelle der Kartause S. Martino in Neapel präsentiert sich als Reigen himmlischer Heerscharen, die in der lichten, warmen Sphäre malerisch umeinander wirbeln. Nicht minder bewegt ist das Geschehen an den Rändern des Freskos, der Zone irdischen Lebens und Treibens. Trotz der Vielzahl der Figuren, der gewagten Verkürzungen und der ausladenden Gesten wirkt der Bildraum wohl organisiert und klar gegliedert.

Luca Giordano, Triumph der Judith, 1704, Deckenfresko, Neapel, S. Martino, Cappella del Tesoro

S. 210: **Salvatore Rosa,** Landschaft mit Apoll und Sybille, 1661, Öl auf Leinwand, 171 x 258 cm, London, Wallace Collection

S. 212/213: **Andrea Pozzo,** Die Verbreitung des Feuers der göttlichen Liebe durch den Jesuitenorden, 1691–94; Deckenfresko, Rom, S. Ignazio

EVROPA
ASIA

ET QVID VOLO NISI
VT ACCENDATVR
AFRICA

Rokokomalerei

Im 18. Jahrhundert bestimmten Venedig und seine Künstler die europäische Malerei. Kaum ein bedeutender Hof wollte auf Fresken Tiepolos, auf Veduten Canalettos, auf Sittenbilder Guardis oder auf Allegorien Pellegrinis verzichten. So wirkten venezianische Maler in Wien und Madrid, in Dresden und Warschau, in Würzburg und London.

Der Siegeszug der venezianischen Malerei begann mit dem Werk Giovanni Battista Piazzettas (1683–1754) und dessen subtilem, effektvollem Kolorit. Es ebnete den Weg für die lichtdurchfluteten, delikaten Farbimpressionen und gelösten Kompositionen der jüngeren Künstler, die dem dramatischen Helldunkel Caravaggios eine endgültige Absage erteilten.

Giovanni Battista Tiepolo (1696–1770) wurde zum Inbegriff eines neuen, heiteren, repräsentativen, gleichwohl unpathetischen Stils. Sein Meisterwerk sind die Deckenmalereien der Würzburger Residenz, in denen das Bistum Würzburg und dessen zweiter Bauherr, Carl Philipp von Greiffenclau, verherrlicht werden. Das Fresko des Treppenhauses huldigt Apoll, dem Schirmherrn der Künste, sowie dem fränkischen Mäzen, dessen Ruhm in alle Erdteile dringe. Das anspruchsvolle und doch mit Augenzwinkern konzipierte Programm liefert Anlass zur Wiedergabe exotischer Motive: So reitet die mit einer Federkrone geschmückte Allegorie der Amerika auf einem Alligator (Abb. unten; siehe auch S. 130/31). Tiepolos effektvoller Illusionismus, seine virtuose Farb- und Lichtbehandlung sowie seine geistreichen Kompositionen ließen ihn zum größten Freskenmaler des 18. Jahrhunderts werden – bis der Klassizismus mit wieder ernsterer Gebärde auf den Plan trat.

Giovanni Antonio Canal, genannt Canaletto (1697–1768), vervollkommnete die im 17. Jahrhundert in Rom entstandene Vedutenmalerei. Weniger als das Festhalten antiker Monumente oder Ruinen beschäftigte ihn jedoch die wirklichkeitsgetreue Wiedergabe seiner Heimatstadt Venedig. Er und seine Schüler schufen zahlreiche lichtdurchflutete Ansichten der Lagunenstadt und hielten das Leben und Treiben entlang der Kanäle mit minutiösen Pinselstrichen fest. Antonios Neffe und Schüler Bernardo Bellotto (1721–1780), der sich nach seinem Onkel ebenfalls Canaletto nannte, trug die Kunst der Vedute nach Mittel- und Osteuropa. Auch er hinterließ einzigartige Stadtpanoramen (Abb. S. 215 unten).

Francesco Guardi (1712–93) gab der Vedute verstärkt malerische und phantastische Züge. Gleichzeitig brillierte er in anderen Genres, malte Heiligen- und Historienbilder, Porträts und Theaterdekorationen. 1782 entstand *Das Venezianische Galakonzert,* Teil eines Zyklus, der die Feste der Venezianer Gesellschaft in betörenden Farben festhielt (Abb. S. 215 oben).

Giovanni Battista Tiepolo, Allegorie des Erdteils Amerika, Detail des Freskos im Treppenhaus der Würzburger Residenz, 1751–53, Würzburg, Residenz

Tiepolos Fresko im Treppenhaus der Würzburger Residenz ist nicht nur wegen seiner Ausmaße, 30 x 18 Meter, einzigartig. In einer grandiosen, auf den Blick des Eintretenden ausgerichteten Konzeption verherrlicht das Deckenbild den letzten Bauherrn der Residenz, den Bischof Carl Philipp von Greiffenclau. Seinem Brustbild huldigen die Vier Erdteile unter der Herrschaft Apolls. Besonders reizvoll ist die Allegorie der Amerika, die, mit einer Federkrone geschmückt, auf einem Alligator reitet. Im Hintergrund kredenzt ein Page eine Tasse Schokolade.

Francesco Guardi, Das Venezianische Galakonzert, 1782, Öl auf Leinwand, 68 x 91 cm, München, Alte Pinakothek

Bernardo Bellotto, gen. Canaletto, Die Lagune von San Marco und die Abfahrt des Bucintoro am Himmelfahrtstag, um 1735–41, Öl auf Leinwand, 121,9 x 182,8 cm, National Gallery, London

Diego Velázquez, Triumph des Bacchus, 1629, Öl auf Leinwand, 165 x 227 cm, Madrid, Prado

S. 217 oben: **Diego Velázquez,** Die Übergabe von Breda, 1635, Öl auf Leinwand, 307 x 370 cm, Madrid, Prado

S. 217 unten: **Diego Velázquez,** Porträt des Papstes Innozenz X., 1650, Öl auf Leinwand, 140 x 120 cm, Rom, Galleria Doria Pamphili

Spanien

Das »Siglo de Oro«, das »goldene Zeitalter« Spaniens, verdankt seinen Ruhm nicht zuletzt der Malerei. Die Literatur und die bildenden Künste hatten im Laufe des 17. Jahrhunderts einen einzigartigen Aufschwung erfahren, und dies, obwohl das »Reich, in dem die Sonne nicht untergeht«, auseinander brach und wirtschaftlich daniederlag.

Die spanische Malerei stand fast ausschließlich in Diensten der Kirche, der Orden und des Hofes. Daher überwiegen Altar- und Andachtsbilder, höfische Porträts und Historien; mythologische Themen und Zeugnisse bürgerlicher Selbstdarstellung sucht man fast vergebens. Beliebt waren dagegen *bodegones,* Stillleben und Küchenstücke, die in höchster Kunstfertigkeit Obst, Gemüse und Alltagsgegenstände konterfeiten und allegorisch ausdeuteten.

Diego de Silva y Velázquez

»Er ist der Maler unter den Malern« – Edouard Manets Bemerkung gilt unverändert. Velázquez besaß die einzigartige Fähigkeit, den Bildgegenstand mit unbestechlichem Blick festzuhalten und gleichzeitig dessen Charakter mit Hilfe der Malerei zu enthüllen.

Velázquez wurde 1599 in Sevilla geboren. Entscheidende Prägung erfuhr er im Atelier von Francisco Pacheco, wo er vor allem die theoretischen Grundlagen seines Metiers lernte; seine künstlerische Begabung scheint früh die seines Meisters übertroffen zu haben. 1618 heiratete er Pachecos Tochter Juana und gründete eine Familie. 1623 ebnete ihm der Duque de Olivares den Weg zum Hof Philipps IV. 1627 errang er in einem Wettbewerb um ein Historienbild den ersten Preis vor den etablierten Hofmalern und erhielt ein erstes Amt als »Leibtürhüter«. Bis zu seinem Lebensende 1660 wirkte Velázquez am Madrider Hof, vom König hoch geschätzt und 1659 in den Adelsstand erhoben. Von großem Einfluss auf sein Schaffen war die Freundschaft mit Rubens, der mehrfach in Madrid weilte.

Eines der frühen Meisterwerke des Velázquez ist das 1629 entstandene Gemälde *Los Borrachos, Die Trunkenen* oder *Triumph des Bacchus.* Es lässt die Orientierung an Caravaggio und an flämischen Vorbildern erkennen. Der Künst-

ler zeigt den Gott des Weines inmitten einer Gruppe von Bauern, die dank des Rebensaftes die Mühen ihres Alltags vergessen (Abb. S. 216 oben). Philipp IV. hing das Bild in seinem Schlafzimmer auf und schenkte Velázquez als Dank eine Reise nach Italien. Die vielen Anregungen, die Velázquez dort empfing, sollten sein außergewöhnliches Talent noch weiter beflügeln.

Nach seiner Rückkehr entstanden zahlreiche Meisterwerke, die

unvergesslichen Porträts der königlichen Familie und der Hofnarren, die Reiterbilder, religiöse Werke wie das erschütternde Bild des Gekreuzigten und mythologische Szenen wie die von Tizian und Tintoretto inspirierte *Schmiede des Vulkan.* 1635 schuf er das großartige Historienbild der *Übergabe von Breda* für den Salón de los Reinos im Palast des Buen Retiro (Abb. oben). Mit nie zuvor geschauter Empfindsamkeit vermochte Velázquez den

Diego Velázquez, Las Hilanderas (Die Spinnerinnen), um 1657, Öl auf Leinwand, 117 x 190 cm, Madrid, Prado
Das Gemälde der Hilanderas gewährt Einblick in eine Gobelinmanufaktur, in deren Vordergrund Frauen ihrer Arbeit nachgehen. In einem vom Streiflicht beleuchteten zweiten Raum erkennt man einen Teppich mit der Geschichte der Arachne: Die Sterbliche, die Athena zum Wettstreit in der Kunst des Webens herausgefordert hatte, wurde in eine Spinne verwandelt, da der Göttin das Thema ihrer Arbeit – die Liebschaften der Götter – missfiel. Über diese vordergründigen Erzählebenen hinaus enthält das Bild weitere, verschlüsselte Botschaften, die den *paragone,* den Wettstreit der Künste, betreffen.

Akt der Unterwerfung in ein Bild gegenseitigen Respekts zu verwandeln.

Während eines zweiten Aufenthalts in Rom entstand das eindrucksvolle Dreiviertelporträt von Papst Innozenz X., das diesen in allen Facetten seiner Persönlichkeit erfasst (1650; Abb. S. 217 unten).

In seinen letzten Lebensjahren schuf Velázquez seine bedeutendsten Werke, deren Inhalt sich jedoch bis heute der vollständigen Entschlüsselung entzieht. Das Gemälde der *Meninas,* genauer *Die Familie Philipps IV.,* stellt eigentlich ein Atelierbild im Beisein der königlichen Familie und des Hofpersonals dar (1656; Abb. S. 219). Der Maler, deutlich als der zum Santiago-Ritter geschlagene Velázquez zu erkennen, hält im Porträtieren inne, vielleicht, da die Eltern der Meninas den Raum betreten, wie der Spiegel im Hintergrund vorgibt. Was jedoch steckt hinter dieser scheinbar zufälligen Szene? Auch das Thema der *Hilanderas,* der *Spinnerinnen,* gibt bis heute Rätsel auf (um 1657; Abb. oben). Es ist im wahrsten Sinne des Wortes »vielschichtig«.

Diego Velázquez, Las Meninas (Die Familie Philipps IV.), 1656, Öl auf Leinwand, 318 x 276 cm, Madrid, Prado

Von Zurbarán bis Murillo

Francisco de Zurbarán (1598–1664) verband die Helldunkelmalerei und die Wirklichkeitsnähe Caravaggios mit der glühenden Inbrunst spanischer Mystik. Davon zeugen zahlreiche Gemäldezyklen, die er im Auftrag der Mönchsorden schuf. In Klöstern und Kartausen ausgestellt, regten sie die Brüder zur Kontemplation und zur *compassio,* zum Mitleiden mit den Heiligen, an. Ein solches Werk ist die Leinwand *Dem hl. Petrus Nolascus erscheint der gekreuzigte Apostel Petrus,* die 1629 für den Konvent der Mercedarier in Sevilla angefertigt wurde (Abb. unten). Unmittelbar nach dessen Heiligsprechung porträtierte Zurbarán den Ordensgründer im Angesicht seiner Vision. Realität und Fiktion sind auf verwirrende Weise verwoben: Während der geschundene Körper des Gekreuzigten zum Greifen nah erscheint, entzieht sich die kniende, in eine stoffreiche weiße Kutte gehüllte Mönchsgestalt der Wirklichkeit und ent-

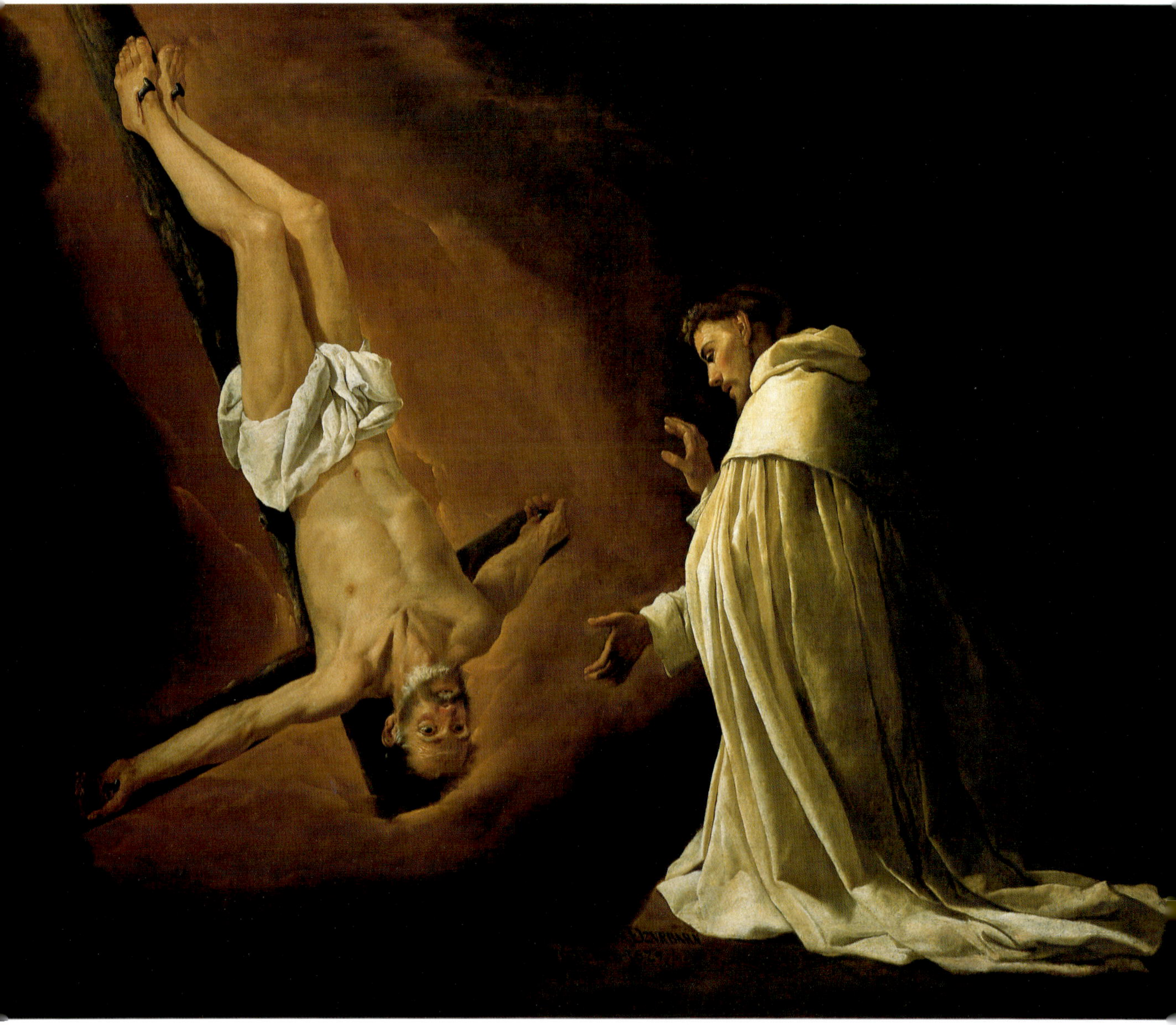

Oben: **Antonio de Pereda,** Hl. Hieronymus, 1643, Öl auf Leinwand, 105 x 84 cm, Madrid, Prado

S. 220: **Francisco de Zurbarán,** Dem hl. Petrus Nolascus erscheint der gekreuzigte Apostel Petrus, 1629, Öl auf Leinwand, 179 x 233 cm, Madrid, Prado

Oben: **Bartolomé Esteban Murillo,** Trauben- und Melonenesser, um 1650, Öl auf Leinwand, 146 x 104 cm, München, Alte Pinakothek

schwindet in den unartikulierten braunen Hintergrund. Zurbaráns Werk ist voll dieser Irritationen, seine vollkommene, plastische Malweise, die unendliche Stille seiner Szenerien prädestinierten ihn gleichfalls zum Maler großartiger Stillleben.

Der Madrider Schule, die Mitte des 17. Jahrhunderts an Eigenständigkeit gewann, ist Antonio de Pereda zuzuordnen. Auch er erzielte mit Heiligenbildern und *bodegones* seine größten Erfolge. Sein *Hl. Hieronymus* im Madrider Prado stellt den Einsiedler mit seinen Attributen, dem Kreuz und dem äußerst realistisch wiedergegebenen Totenschädel, dar (Abb. oben links). Zugleich ist das Gemälde eine »Hommage« an Albrecht Dürer, dessen *Jüngstes Gericht* am unteren Bildrand erscheint.

In der zweiten Jahrhunderthälfte trat mit Bartolomé Esteban Murillo (1618–82) eine völlig anders geartete Kunst auf den Plan, welche die Strömungen des 18. Jahrhunderts vorwegnahm. Statt der asketischen Strenge eines Ribera oder Zurbarán verlieh Murillo seinen Heiligen, vor allem den zahlreichen Madonnen, heitere Schönheit, Sanftmut und Liebreiz, wie sie die jungen Mädchen seiner Heimatstadt Sevilla verkörpert haben mögen. Ebenso dienten ihm Gassenjungen als Modelle für seine Genreszenen, etwa der Trauben- und Melonenesser, die um 1650 entstanden (Abb. oben rechts). Deutlich ist nun auch eine Aufhellung der Palette zu erkennen, duftige Farben und lockere Pinselstriche erzeugen eine warme, gelöste Atmosphäre, in der Schilderungen des Alltags ihren Platz erobern.

Murillo erfreute sich zeit seines Lebens einer großen Popularität. Seine Zeitgenossen hielten ihn für Raffael und Tizian ebenbürtig.

Frankreich

Nicolas Poussin, Das Reich der Flora, 1631, Öl auf Leinwand, 131 x 181 cm, Dresden, Gemäldegalerie Alte Meister

Das »goldene Zeitalter« der französischen Barockmalerei begann im zweiten Viertel des 17. Jahrhunderts – in Rom. Der Franzose Simon Vouet trat 1624 das hoch angesehene Amt des *principe* der Accademia di San Luca an, Nicolas Poussin kehrte Paris den Rücken und schuf am Tiber seine zutiefst klassischen Werke, Claude Gellée, genannt Lorrain, fand unter dem Eindruck Italiens zu seinen lichtdurchfluteten Ideallandschaften. Andere Maler, beispielsweise Georges de la Tour und die Gebrüder Le Nain, folgten dem Vorbild Caravaggios. Ihrer aller Erfahrungen befruchteten schließlich die Malerei in den Regionen Frankreichs, bis mit der Gründung der Académie Royale de Peinture 1648 die Pariser Hofkunst tonangebend wurde. Die Normen der Akademie, der allerdings bedeutende Meister fern blieben, dominierten die Kunst in der zweiten Hälfte des 17. Jahrhunderts.

Nicolas Poussin, Selbstbildnis, 1650, Öl auf Leinwand, 98 x 74 cm, Paris, Musée du Louvre

Nicolas Poussin

Nicolas Poussin wurde 1594 bei Les Andelys in der Normandie geboren. Der Sohn armer Eltern lernte zunächst bei einem Provinzmaler, bis er ab 1612 in Paris mit Philippe de Champaigne und Lallemand zusammenarbeitete. Schon hier studierte er anhand von Stichen die Werke Raffaels und Giulio Romanos. Nach zwei vergeblichen Anläufen gelang ihm 1624 der Sprung nach Rom. Dort fand er in dem Dichter Giambattista Marino einen belesenen Lehrmeister, der ihm die römische Mythologie und die Schriften Ovids nahe brachte. Die klassische Bildung und ihr philosophisch-moralischer Anspruch sollten Poussins Kunst zeitlebens prägen.

Poussin bevorzugte in seinen vorwiegend für private Auftraggeber geschaffenen Werken klare, ausgewogene Kompositionen und venezianisch-oberitalienisches Kolorit. Dem *disegno,* dem zeichnerischen Entwurf, maß er höchsten Wert bei, was im späteren Streit der Poussinisten und Rubenisten als Verrat an der Farbe gewertet wurde.

Poussins Malerei war jedoch alles andere als »akademisch«: Hinreißend duftig gemalt ist das *Reich der Flora* (1631; Abb. oben), letztlich eine Allegorie der steten Veränderung des Seins: So tanzt die reizende Blumengöttin inmitten zahlreicher Götter und Helden, denen ein meist missliches Schicksal die Verwandlung (Metamorphose) in Blumen auferlegt hat. Unter anderen erblickt man den in sein Spiegelbild verliebten Narziss, den versehentlich von seinem Geliebten Apoll mit einem Diskus getöteten Hyazinth sowie Adonis, aus dessen blutender Wunde das Adonisröslein erwuchs.

1640 folgte Poussin einem Ruf Ludwigs XIII., um die Grande Galerie des Louvre mit Herkules-Szenen auszugestalten. Die Intrigen und politischen Verhältnisse am Pariser Hof ließen ihn jedoch schon 1642 wieder nach Rom zurückkehren, wo er sich endgültig niederließ und zunehmend kunsttheoretischen und weltanschaulichen Themen widmete. Die Geschichte von *Pyramus und Thisbe* (1651; Abb. unten) lieferte Poussin den Anlass, sich mit der Darstellung einer Gewitterlandschaft zu befassen: Die tragische Geschichte zweier Liebender, die sich, einem Irrtum folgend, in den Tod stürzen, gerät zur – grandiosen – Randszene einer nicht minder großartigen Schilderung elementarer Gewalt.

Poussins Selbstporträts zählen zu den größten Leistungen, die in diesem Genre hervorgebracht worden sind. Im Abstand von nur wenigen Monaten entstanden das Berliner *Bildnis mit dem Zeichenstift* sowie das stolze halbfigurige Porträt im Louvre (1650; Abb. S. 222 unten), das vermutlich für den Freund und Förderer Fréart de Chantelou gemalt wurde. Es zeigt den in ein dunkles Gewand gehüllten Meister, der sein lockiges Haupt würdevoll dem Betrachter zuwendet; der kleine Finger seiner rechten Hand ist mit einem kostbaren Ring geschmückt. Poussin posiert in seinem Atelier vor einem Stapel gerahmter Leinwände, die, mehr oder weniger verschlüsselt, kunsttheoretische Botschaften und Hinweise auf die Freundschaft zu Chantelou präsentieren. Das tiefgründig konzipierte und wahrlich meisterhaft ausgeführte Werk offenbart die ganze Komplexität einer außergewöhnlichen Persönlichkeit. Poussin starb 1642 in Rom.

Nicolas Poussin, Landschaft mit Pyramus und Thisbe, 1651, Öl auf Leinwand, 192,5 x 273,5 cm, Frankfurt am Main, Städelsches Kunstinstitut

Claude Lorrain

Fast zeitgleich mit Poussin traf Claude Gellée (1600–82), nach seiner Lothringer Heimat Lorrain genannt, 1627 in Rom ein. Als gelernter Koch und Pastetenbäcker besaß auch er zunächst nur dilettantische Kenntnisse in der Malerei, die er in Neapel bei dem Vedutenmaler Gottfried Wals vertiefte. Die Begegnung mit den Landschaftern Paul Bril und Adam Elsheimer, deren nordisch-detaillierten Blick er mit den großzügigen heroischen Staffagen eines Annibale Carracci verband, wurde für seine Kunst entscheidend. Von Poussin ließ er sich zu antikischen Szenerien anregen.

Die *Einschiffung der hl. Ursula* (1642; Abb. unten) versetzt das legendäre Geschehen in die idealisiert-klassische Kulisse des römischen Hafens. Vor den mächtigen Säulen eines Rundtempels, der Bramantes Tempietto ins Monumentale steigert, beobachtet die Heilige den Aufbruch der 11 000 Jungfrauen, die wie sie

selbst in Köln den Märtyrertod erleiden sollten. Die Vorahnung des tragischen Ausgangs illustrierend, gelingt es Lorrain, die sanfte, abendliche Atmosphäre mit bedrückender Schicksalhaftigkeit aufzuladen.

Der Reichtum an Nuancen und Stimmungswerten und die genaue Beobachtung von Naturphänomenen gelangten im Spätwerk Lorrains zu ihrem Höhepunkt. Zeugnis davon gibt die *Landschaft mit Noli me tangere* (Abb. oben), die 1681 entstand, ein Jahr vor dem Ableben des Meisters. Die Szene der Begegnung zwischen Maria Magdalena und Christus ist hier in eine weite, von frühmorgendlichem Dunst verschleierte Landschaft verlegt, die äußerst subtil als biblische Landschaft ausgewiesen wird: Die drei Kreuze Golgathas, das geöffnete Grab, die Erscheinung Christi im umzäunten Garten sind grandios in die nach eigenen Studien komponierte Landschaft integriert.

Claude Lorrains Malerei wurde häufig nachgeahmt. Vermutlich hielt er deswegen seine Erfindungen in mit Feder und Pinsel gefertigten Zeichnungen fest. Etwa 200 dieser Blätter wurden in einem Werk zusammengefasst und 1777, von Richard Earlom gestochen, als »Liber Veritatis« veröffentlicht. Darüber hinaus vermerkte Lorrain den Verbleib seiner Bilder und forderte somit erstmals eine Art Urheberrecht ein. Wie Poussin verbrachte Lorrain sein ganzes Leben nahezu ausschließlich in Rom, wo er 1682 verstarb.

Claude Lorrain, Landschaft mit Noli me tangere, 1681, Öl auf Leinwand, 84,5 x 141 cm, Frankfurt am Main, Städelsches Kunstinstitut

S. 224: **Claude Lorrain,** Die Einschiffung der hl. Ursula, 1642, Öl auf Leinwand, 113 x 149 cm, London, National Gallery

Georges de la Tour, Der Falschspieler, zwischen 1633 und 1640, Öl auf Leinwand, 106 x 146 cm, Paris, Louvre

Fein herausgeputzt sitzt die Dame aus gutem Hause einem Falschspielertrio gegenüber, das seine Absichten dem Betrachter deutlich zu erkennen gibt. La Tour, der zahlreiche eindrucksvolle Heiligenbilder schuf, erweist sich hier als kritischer Beobachter der Gesellschaft.

Unten: **Charles Le Brun,** Der Kanzler Séguier zu Pferde, 1660, Öl auf Leinwand, 295 x 351 cm, Paris, Musée du Louvre

Le Brun war Pierre Séguier auf vielfältige Weise verbunden. Der Kanzler Ludwigs XIV. hatte den Künstler von Anfang an protegiert und ihm zahlreiche Türen geöffnet.

Von De la Tour bis Le Brun

Nicht alle französischen Künstler suchten ihr Heil in Rom. Der aus dem Moselland stammende Georges de la Tour (1593–1652) etwa, der bedeutendste Interpret der Helldunkelmalerei Caravaggios in Frankreich, ist in Italien nicht nachweisbar, obgleich seine stilistische Entwicklung ohne eine Reise in die Region südlich der Alpen kaum vorstellbar erscheint. *Der Falschspieler,* der vermutlich um 1625 entstand (Abb. S. 226 oben), sowie sein eigenwilliges, von Ludwig XIII. hoch geschätztes Werk *Die Auffindung des hl. Sebastian* (um 1640) sind ohne intime Kenntnis der Werke Caravaggios nur schwer zu erklären.

Ähnlich rätselhaft ist der Werdegang der Gebrüder Le Nain, Antoine (1588–1648), Louis (1593–1648) und Matthieu (1607–77), die zwischen 1641 und 1648 ihre Hauptwerke schufen und gemeinsam signierten. Als Mitglieder der Akademie genossen sie ein hohes Ansehen; allerdings pflegten sie eine der höfischen Kunst diametral entgegengesetzte Richtung: Vor allem Bauerndarstellungen und realistische Sittenbilder gehörten zu ihrem Repertoire. Ganz ohne Zweifel stand den Brüdern Velázquez' *Schmiede des Vulkan* für ihre Version der *Venus in der Schmiede des Vulkan* vor Augen (1641; Abb. rechts oben), doch wohnt ihren Werken eine seltsame Ruhe und Entfremdung inne. Bewegungslos und beinahe erstarrt nimmt Vulkan das Erscheinen seiner Gattin Venus wahr, die ihn mehrfach mit dem Kriegsgott Mars betrogen hat.

Matthieu und Louis Le Nain, Venus in der Schmiede des Vulkan, 1641, Öl auf Leinwand, 150 x 115 cm, Reims, Musée des Beaux-Arts

Die einflussreichste Malerpersönlichkeit des 17. Jahrhunderts in Frankreich ist zweifellos Charles Le Brun (1619– 90). Der talentierte Sohn eines Bildhauers durchlebte eine beispiellose Karriere, die ihn zum führenden Kopf des absolutistischen Kunstlebens werden ließ. *Premier Peintre du Roy,* Gründungsmitglied und Direktor der königlichen Akademie wie der Gobelinmanufaktur, erhob er die Hofkunst Colberts und Ludwigs XIV. zum verbindlichen Vorbild. Als Beispiel seiner gravitätischen Gestaltungsweise sei das Gemälde *Der Kanzler Séguier zu Pferde* angeführt (1660; Abb. S. 226 unten).

Rokokomalerei

Das neue Lebensgefühl, das die französische Gesellschaft zu Beginn des 18. Jahrhunderts erfasste (s. S. 144/45), fand seinen reizvollsten Niederschlag in der Malerei. Die Lockerung der Sitten, die sinnliche Wahrnehmung und die Regung von Gefühlen ließen intime Werke entstehen, die sich deutlich von den Repräsentationsbildern des 17. Jahrhunderts absetzten.

Niemand traf den Ausdruck seiner Zeit besser als Antoine Watteau (1684–1721), der aus dem flämischen Valenciennes 1702 nach Paris gekommen war

François Boucher, Madame de Pompadour, 1759, Öl auf Leinwand, 86 x 66 cm, London, Wallace Collection

Antoine Watteau, Die Einschiffung nach Cythera, 1718/19, Öl auf Leinwand, 192 x 130 cm, Berlin, Schloss Charlottenburg

Watteaus Cythera-Bild liegt in drei voneinander kaum sich unterscheidenden Versionen vor: Die älteste, vergleichsweise bescheidene Fassung stellt das Bild im Frankfurter Städel dar, das um 1710 datiert wird. 1717 reichte er eine erweiterte Fassung als Aufnahmestück an die Pariser Akademie ein (heute im Louvre). 1718 oder 1719 fertigte er das Berliner Bild, das als das qualitätvollste der Reihe gilt.

Jean Honoré Fragonard, Die Schaukel, 1765, Öl auf Leinwand, 81 x 65 cm, London, Wallace Collection

Obwohl Fragonard Mitglied der Pariser Akademie war, arbeitete er nur selten für Hof oder Adel. Seine Auftraggeber waren Kunstkenner, Schauspieler und Künstler, die sich an seinen lockeren, oft auch frivolen Szenerien erfreuten. Fragonard gilt als einer der größten malerischen Begabungen des französischen 18. Jahrhunderts. Sein lockerer, vitaler Pinselstrich, sein duftiger, halbpastoser Farbauftrag blieben unerreicht. Das Aufkommen des Klassizismus ließ den Künstler jedoch in Vergessenheit geraten.

und als Kopist begonnen hatte. 1717 beantragte er mit der *Einschiffung nach Cythera* die Aufnahme in die Akademie (Abb. S. 228 unten). Als erster Maler wurde ihm der Titel »Peintre de fêtes galantes« zuerkannt, was ein Zeichen dafür ist, wie weit das Genre kultivierter Geselligkeit an Bedeutung gewonnen hatte. Doch hinter der idyllischen Kulisse seiner Gesellschaften und seiner arkadischen Landschaften verbargen sich schwermütige Züge. Die Vereinsamung des Menschen nahm in seinem *Gilles* Gestalt an: Die Theaterfigur des glücklosen Tropfs ist in ungewöhnlicher Monumentalität auf die Leinwand gebannt.

Die Werke François Bouchers (1703–70) wurden zum Inbegriff von Anmut und Galanterie; eine psychologische Durchdringung ist ihnen jedoch fremd. Als Maler, Stecher und Dekorationskünstler, unter anderem als Inspektor der Pariser Gobelinmanufaktur, genoss Boucher höchstes Ansehen. Dank seiner zarten, porzellanhaften Palette entstanden zauberhafte Landschaften, Schäferbilder und Porträts, darunter das seiner Gönnerin Madame de Pompadour (1759; Abb. S. 228 oben).

Als dritter großer Maler und Sittendarsteller des »Ancien Régime« brillierte Jean Honoré Fragonard (1732–1808) mit beschwingten, improvisiert wirkenden Genreszenen (Abb. oben).

Flandern

Drei Meister verhalfen der flämischen Malerei innerhalb weniger Jahre zu Weltruhm: Peter Paul Rubens, Jacob Jordaens und Anthonis van Dyck. Unter den Dreien gebührt Rubens nicht nur des Alters wegen der Vorrang; der weit gereiste und weltläufige Maler und Diplomat legte mit seinem Studium antiker Skulptur und seiner umfassenden Kenntnis der Werke Raffaels, Michelangelos, Tintorettos und Tizians den Grundstock für den Höhenflug der flämischen Barockmalerei und den Weg zu seinem eigenen Stil, aus dem Pathos wie Sinnenfreude sprechen.

Peter Paul Rubens

Rubens wurde 1577 in Siegen geboren. 1588 kehrte die protestantische Emigrantenfamilie nach Antwerpen zurück, wo Rubens, inzwischen konvertiert, bei Tobias Verhaecht eine Malerlehre begann. 1598 wurde er als Meister in die Lukasgilde aufgenommen. Im Mai 1600 bricht er zu einer achtjährigen Italien- und Spanienreise auf, deren Hauptstationen Mantua – wo er als Hofmaler Vincenzo Gonzagas arbei-

Oben links: **Peter Paul Rubens,** »Das Pelzchen« (Porträt der Helène Fourment), 1635/40(?), Öl auf Holz, 176 x 83 cm, Wien, Kunsthistorisches Museum

Oben: **Peter Paul Rubens,** Die Kreuzabnahme, um 1612, Mitteltafel eines Triptychons, Öl auf Holz, 462 x 341 cm, Antwerpen, Kathedrale

Peter Paul Rubens, Die Folgen des Krieges, 1637–38; Öl auf Leinwand, 206 x 345 cm, Florenz, Palazzo Pitti

Das Bild ist ein künstlerischer Aufschrei aus den Wirren des 30-jährigen Krieges. Nie zuvor ist das Thema eindringlicher behandelt worden; erst Picasso sollte mit Guernica im 20. Jahrhundert ein ähnlich aufrüttelndes Werk schaffen.

tet –, Rom und Genua sind. In dieser Zeit bildet sich sein plastischer, durch Farbe und Licht modellierender Stil.

Nach seiner Rückkehr im Jahr 1608 überschüttet ihn das flämische Bürgertum mit Aufträgen; der spanische Statthalter ernennt ihn 1609 zum Hofmaler. Rubens führt eine florierende Werkstatt, baut ein Haus und gründet mit Isabella Brant seine erste Familie. In diesen Jahren malt er die monumentale *Kreuzabnahme* der Antwerpener Kathedrale (um 1612; Abb. S. 230 rechts). Die kühne Diagonale der Komposition, das fahle Inkarnat des Leichnams im Kontrast zum gleißenden Rot des Mantels des Johannes eröffnen der Malerei neue, sinnliche Dimensionen.

In den 20er Jahren erreicht Rubens' Karriere weitere Höhepunkte: Im Auftrag der Maria de' Medici malt er die 21 Gemälde des »Medici-Zyklus«, die das Leben der umstrittenen Regentin verherrlichen. Für Ludwig XIII. entwirft er Teppichvorlagen, den Höfen Spaniens und Englands, an denen er als Diplomat weilt, liefert er umfangreiche Bildfolgen. 1624 wird er geadelt.

Einen durchaus auch künstlerischen Umbruch signalisiert 1630 die Hochzeit mit der 16-jährigen Helène Fourment, der Rubens mit dem *Pelzchen* ein reizvoll-intimes Denkmal setzt (1635/40[?]; Abb. S. 230 links). Seine verstärkt privaten Themen gewidmeten Bilder werden malerischer, nuancierter, spontaner. Erschütterndes und sehr persönliches Zeugnis seiner letzten Jahre sind *Die Folgen des Krieges,* die 1637–38 im Auftrag des Herzogs der Toskana entstanden (Abb. oben). Das aufrüttelnde allegorische Werk, das die Machtlosigkeit der Göttin Venus im Angesicht von Krieg, Pest und Hunger illustriert, lässt die eigenen Erfahrungen des Künstler-Diplomaten im 30-jährigen Krieg erahnen. Rubens stirbt 1640 in Antwerpen.

Jordaens und van Dyck

Antwerpen brachte noch weitere Malergenies hervor: 1593 erblickte Jacob Jordaens an der Schelde das Licht der Welt, 1599 Anthonis van Dyck. Jordaens, der Kollege und zeitweilig Mitarbeiter von Rubens war, stellte seine caravaggeske Malweise in den Dienst lebendiger, volkstümlicher Erzählungen.

Van Dyck, ein eigenständiger, distanziert beobachtender Schüler von Rubens, blieb in seinen eindringlichen höfischen Porträts und in seiner vornehmen, gedämpften Farbigkeit unerreicht. In London, wo er ab 1632 nahezu ununterbrochen wirkte und auch geadelt wurde, war er der gefeierte Hofmaler Karls I.

S. 232: **Jacob Jordaens,** Der Satyr beim Bauern, nach 1620, Leinwand und Holz, 174 x 205 cm, oben angestückt; München, Alte Pinakothek

Jordaens illustriert hier eine Fabel Äsops, die von der Bekanntschaft eines Bauern mit einem Satyr erzählt. Letzterer gerät außer Fassung, als er beobachtet, wie der Bauer zunächst mit seinem Atem die Hände wärmt, anschließend aber mit eben diesem die Suppe kühlt. Die Szene verknüpft sich mit moralisierenden Anspielungen.

Rechts: **Anthonis van Dyck,** Karl I. von England, um 1635, Öl auf Leinwand, 272 x 212 cm, Paris, Musée du Louvre

Äsops Fabel *Der Satyr beim Bauern* (Abb. S. 232) ist charakteristisch für den Themenkreis, den Jordaens bevorzugte: Der mythologische Stoff lieferte ihm Anlass zu rustikal-sinnenfrohen, zuweilen sogar derben Darstellungen des flämischen Alltags. Gleichermaßen geschätzt wurden seine Familienporträts.

Die Welt des van Dyck war eine völlig andere: Seine vor allem im Auftrag der Aristokratie geschaffenen Bildnisse, meist ganzfigurig gegeben, offenbaren kühle, intellektuelle Distanz. Als Hofporträtist des englischen Königs schuf er seine schönsten Werke und beeinflusste die englische Malerei bis zu Reynolds und Gainsborough (Abb. oben).

Holland

Die Entwicklung der Barockmalerei in den seit 1581 von Spanien losgelösten Vereinigten Niederlanden, für die sich der Name Holland einbürgerte, verlief grundsätzlich anders als im weiterhin habsburgischen Flandern. Einer der wesentlichen Gründe dafür lag im konfessionellen Unterschied zwischen dem calvinistischen Norden und dem katholischen Süden, welcher sich in eklatanter Weise in der Bildproduktion niederschlug. Während in Flandern das Altarbild nach wie vor die Haupterwerbsquelle der Maler darstellte, brach der Markt dieser Gattung in Holland völlig zusammen; mit der bilderfeindlichen calvinistischen Kirche entfiel ein wesentlicher traditioneller Auftraggeber. Auch im profanen Bereich wandelten sich die Bedürfnisse: Anstelle höfischer oder staatlicher Repräsentation setzten die stolzen Bürger des Nordens auf individuelle Mythologien, auf Vergegenwärtigung ihrer Unabhängigkeit und ihres wirtschaftlichen Erfolgs.

Ein weiterer Unterschied betraf die Vielfalt der Zentren: Während sich in Flandern die künstlerische Produktion im Wesentlichen auf Antwerpen konzentrierte, bildeten sich in Holland mit Haarlem, Utrecht, Amsterdam, Delft und Den Haag Schulen unterschiedlicher Prägung,

Unten links:
Willem van de Velde d. J.,
Der Kanonenschuss, o. J.,
Öl auf Leinwand, 78,5 x 67 cm,
Amsterdam, Rijksmuseum

Van de Veldes Gemälde gibt vor, einen bestimmten historischen Augenblick zu illustrieren. Viel mehr als dies vermag das Bild den ganzen Stolz der Seefahrernation zum Ausdruck zu bringen.

Unten rechts:
Gerard ter Borch,
Die Weintrinkerin, 1656/57,
Öl auf Leinwand, 37,5 x 28 cm,
Frankfurt am Main, Städelsches Kunstinstitut

Clara Peeters, Stillleben mit Blumen und Goldpokalen, 1612, Öl auf Holz, 59,5 x 49 cm, Karlsruhe, Staatliche Kunsthalle

Rechts: **Frans Hals,** Der lachende Kavalier, 1624, Öl auf Leinwand, 83 x 67 cm, London, Wallace Collection

Die Porträts des Frans Hals zeichnen sich durch besondere Frische und brillante Malweise aus. Das traditionelle Halbfigurenporträt erfährt eine unkonventionelle Belebung.

die jede für sich Weltgeltung beanspruchten.

Die diesseitige Haltung der bürgerlichen Auftraggeber äußerte sich in einem künstlerischen Realismus, der die wirklichkeitsnahe Wiedergabe der Dinge zum Leitmotiv erhob. Dabei trat eine Vielzahl von – im höfischen Kontext weniger geschätzten – Gattungen auf den Plan, die zu einer Spezialisierung der »Fach«-Maler führten. Frans Hals brillierte als Porträtist – hier das selbstbewusst-augenzwinkernde Konterfei des *Lachenden Kavaliers* (1624; Abb. oben rechts); Jan van Goyen überzeugte mit vom Himmel dominierten Dorf- und Flusslandschaften (s. S. 238); Paulus Potter malte fast ausschließlich kraftstrotzende Kühe, während Emanuel de Witte die Stille des Kirchenraums auf ewig festhielt. Willem van de Velde spezialisierte sich auf Seestücke (Abb. S. 234 links). Zum beherrschenden Thema wurde die Wiedergabe des Alltags. Hier schufen Gerrit Dou, der »Leidener Feinmaler«, Jan Steen, Pieter de Hooch, Gerard ter Borch und Jan Vermeer van Delft ihre unerreichten Meisterwerke (s. S.240/41 und Abb. S. 234 rechts).

Das Stillleben eroberte einen besonderen Platz in der Vielfalt der Gattungen. Die Nachfrage nach Bildern mit kostbaren Blumen und Früchten, mit Wildbret oder teuren Gefäßen scheint immens gewesen zu sein. Dabei muss angemerkt werden, dass all den üppigen Sträußen, Vasen, Tellern und Tafeldekorationen stets ein moralischer oder transzendenter Gedanke beigesellt war: Die frischen Knospen mögen bald verwelken, das Obst verdorren oder Schädlingen zum Opfer fallen, die Pasteten verderben. Irdischer Reiz und ästhetischer Genuss verbindet sich mit der Erinnerung an die Vergänglichkeit (Abbn. oben links und S. 242/43).

Ein Künstler hingegen entzieht sich jeder Kategorisierung: Rembrandt Harmensz. van Rijn (s. S. 236/37).

Frans Hals

Frans Hals (um 1582/83–1666) hat sein ganzes Lebens hindurch Porträts gemalt und dieser Gattung neue Dimensionen eröffnet. Der Sohn eines Tuchmachers kam nach der Einnahme Antwerpens nach Haarlem, wo er im Jahr 1611 als Mitglied der Lukasgilde erscheint. Zunächst noch an der Bildnismalerei des 16. Jahrhunderts orientiert, erregen die virtuose Maltechnik und die ungewöhnliche Lebendigkeit seiner Porträts Aufsehen. Sein Stil ist gekennzeichnet von scharfer Beobachtungsgabe und temperamentvoller Pinselführung (Abb. oben). Neben genreartigen Halbfigurenbildnissen übernahm er vor allem Gruppenporträts und Schützenstücke, die er in ungewohnt lockerer Komposition entwirft.

In den späteren Jahren verdunkelt sich die farbenfrohe Palette des Meisters zu schwarz-grauen Tonlagen; das kraftvoll Skizzenhafte seines Alterswerks beeinflusste die Impressionisten.

Rembrandt Harmensz. van Rijn

Rembrandt Harmensz. van Rijn (1606–69), Sohn eines Müllers in Leiden, begann seine Karriere als Autodidakt. Ein Lateinstudium brach er ab, um sich der Malerei zu widmen, die er – wiederum nur kurzfristig – bei Jacob van Swanenburgh und bei Pieter Lastman in Amsterdam studierte. Die italianisierende Historienmalerei Lastmans wie das Helldunkel der Utrechter Caravaggisten prägten seinen frühen Stil.

Nach ersten Erfolgen in Leiden übersiedelte Rembrandt 1631/32 nach Amsterdam. In demselben Jahr entstand das Bild *Die Anatomie des Dr. Tulp* (Abb. unten), ein Meisterwerk des Gruppenporträts, das die Grenzen seiner Gattung sprengt und sich der Historie nähert: Die Mitglieder der Amsterdamer Chirurgengilde sind höchst individuell beobachtet, jedoch nicht im Sinne eines konventionellen Bildnisses. In den Handlungsablauf der Vorlesung eingebunden, verfolgt jeder auf seine Weise, wie Dr. Tulp den Unterarm einer männlichen Leiche freilegt; einige vergleichen die praktische Demonstration mit der Theorie, die in Form des Handbuches von Vesalius präsent ist. Im kunstvollen Arrangement, in der Vielzahl der Ausdeutungen erweist sich Rembrandt bereits hier als *pictor doctus,* als gelehrter Maler. Gruppenporträts wie die *Anatomie des Dr. Tulp* erfreuten sich größter Beliebtheit; sie stellten höchste Anforderungen an die Kompositionsgabe der Maler.

Rembrandt Harmensz. van Rijn
Selbstporträt, um 1668, Öl auf Leinwand, 82,5 x 65,5 cm, Köln, Wallraf-Richartz-Museum

S. 237: Die Nachtwache, 1642; Öl auf Leinwand, 349 x 438 cm, Amsterdam, Rijksmuseum

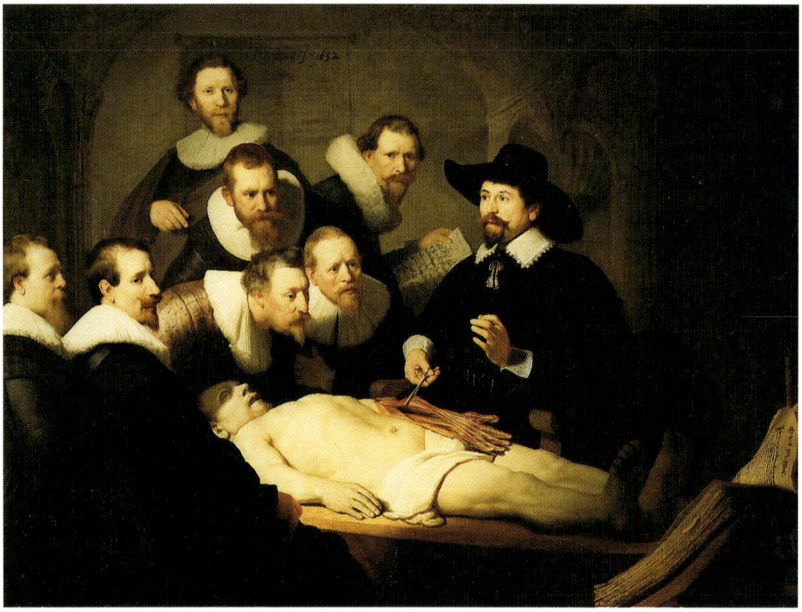

Unten: Die Anatomie des Dr. Tulp, 1631/32, Öl auf Leinwand, 163 x 217 cm, Den Haag, Mauritshuis

Die Porträtwerke sichern Rembrandts Erfolg in Amsterdam. Er heiratet die Patriziertochter Saskia van Uylenburgh und legt den Grundstock einer Kunst- und Raritätensammlung. In Auseinandersetzung mit Rubens steigert sich sein Stil ins Pathetisch-Sinnliche; »barocke« Zyklen wie die *Simsonfolge* oder die Passionsfolge für Prinz Frederick Hendrick von Oranien entstehen. Seine Radierungen dominieren ethische Themen.

1642 malt er im Auftrag der Amsterdamer Schützengilde die berühmte *Nachtwache*, ein Schützenstück, das die Kompanie des Hauptmanns Frans Banning Cocq beim Aufbruch zeigt (Abb. S. 237). Auch hier verbinden sich Gruppenporträt und Historie: Die Trommel ruft, langsam formiert sich der Zug, während einige der prächtig gekleideten Schützen noch mit dem Laden der Gewehre beschäftigt sind. Die Szenerie findet übrigens bei Tage statt, zwischen gleißendem Licht und dunklen Schatten; der Titel

Nachtwache ist allein auf den Alterungsprozess des Firnisses zurückzuführen.

Im selben Jahr nimmt Rembrandts Schicksal eine erste dramatische Wende: Seine Frau Saskia stirbt. Der Künstler widmet sich verstärkt religiösen Themen, deren Protagonisten er zutiefst persönlich charakterisiert. In den 50er Jahren steigerte sich die Betonung des Ewig-Menschlichen noch, mit pastoser Malweise, entmaterialisiertem Licht und immer stärkerer Konzentration auf das Wesentliche schafft er Bilder von höchster Eindringlichkeit. Seine eigene Situation ist schlecht: Weil er Schulden hat, muss er sein Haus und seine Sammlung verkaufen. Nach dem Tod seiner zweiten Frau Hendrickje Stoffels 1662 und seines Sohnes Titus 1668 vereinsamt er und stirbt 1669.

Rembrandt hinterließ zahlreiche Selbstporträts. Er konterfeite sich allein in allen Lebensphasen, malte seine Familie in prachtvollen Kostümen. Das hier gezeigte Bildnis ist ein erschütterndes Zeugnis seiner letzten Monate (Abb. S. 236 oben).

Jan van Goyen, Dünenlandschaft mit Ziegen, 1635, Öl auf Holz, 39 x 63 cm, Braunschweig, Herzog-Anton-Ulrich-Museum

Die holländische Landschaft

Im Gegensatz zu den Ideallandschaften eines Carracci, Poussin und Lorrain oder den »Weltlandschaften« Albrecht Altdorfers ist die niederländische Malerei um eine realistische Wiedergabe der Natur und um topographische Genauigkeit bemüht. Die heimatliche Umgebung, die Dünen, Felder und Flussufer, die Seen, Küsten und Wälder sind nun darstellungswürdig, ohne Träger einer *Historie,* einer religiösen oder mythologischen Geschichte zu sein. Der Wandel des Lichts, des Wetters und der Jahreszeiten wird zum selbständigen Bildgegenstand. Mit der Aufwertung des Alltäglichen wandelt sich auch die Perspektive: Nicht mehr die Überschau von erhöhtem Standpunkt aus bestimmt die Ansicht; nun gilt die realistische Augenhöhe des Betrachters, der unmittelbar ins Bild zu treten vermag.

Jan van Goyen (1596–1656) war einer der Ersten, die, nach eher traditionellen Anfängen, die neue Sichtweise auf die Landschaft propagierten. Wie in der *Dünenlandschaft mit Ziegen* malte er scheinbar zufällige Szenerien, die von einem schier endlosen Himmel überfangen werden (1635; Abb. oben). Der Horizont ist weit herabgezogen, eine Diagonale führt tief in das Bildinnere. In den 30er Jahren entwickelt van Goyen seine charakteristische, beinahe monochrome Farbgebung: Nuancen von Braun und Gelb bestimmen das Land, während die Wasserflächen in zarten Grau- und Weißtönen schimmern.

Jacob van Ruisdael (1628/29–82), der Neffe des ebenfalls als Landschaftsmaler berühmten Salomon van Ruisdael (1600–70), gibt dem Genre eine Steigerung ins Dramatische: *Die Mühle von Wijk bei Duurstede* ist den Naturgewalten ausgeliefert; noch trotzt das Bauwerk, in starker Untersicht gesehen, dem heranziehenden Unwetter, das die Landschaft in ein bedrückendes Dunkel taucht (Abb. S. 239 oben). Wie die Mühle treten auch die Menschen machtlos den Stürmen des Schicksals entgegen. Immer mehr drängen düstere Visionen in Ruisdaels Landschaftsbilder, der *Judenfriedhof* von ca. 1660, den er in zwei Fassungen malt, gerät ihm zum *Memento mori* (s. S. 202/03).

Jacob van Ruisdaels Schüler Meindert Hobbema (1638–1709) griff die Thematik und die Farbgebung seines Meisters auf und malte bis 1668 zahlreiche Wassermühlen und Dünenstücke; danach widmete er sich ganz seinem Amt als Eichmeister in Amsterdam. Erst 1689 trat Hobbema erneut mit einem Meisterwerk hervor, der *Allee von Middelharnis* (Abb. S. 239 unten). Die übliche Diagonalkomposition ist hier der Zentralperspektive gewichen, die den Betrachter fast gewaltsam ins Bild zieht.

Jacob van Ruisdael, Die Mühle von Wijk bei Duurstede, um 1670, Öl auf Leinwand, 83 x 101 cm, Amsterdam, Rijksmuseum

Die Mühle im Gewittersturm wird zur Metapher menschlichen Schicksals. Ruisdael verleiht der Landschaft dramatische Züge.

Meindert Hobbema, Die Allee von Middelharnis, 1689, Öl auf Leinwand, 103,5 x 141 cm, London, National Gallery

Hobbema bricht mit der traditionellen Diagonalkomposition der holländischen Landschaftsmalerei: Klar und kühl wie das Licht ist auch der Aufbau der *Allee von Middelharnis*. Das Bild gilt als letztes großes Zeugnis seines Genres.

Pieter de Hooch, Frau und Magd im Hof, um 1660/61, Öl auf Leinwand, 73,7 x 62,6 cm, London, National Gallery

Jan Steen, Verkehrte Welt, 1663, Öl auf Leinwand, 105 x 145 cm; Wien, Kunsthistorisches Museum

»Die verkehrte Welt« war ein beliebtes Sujet der Kunst und Literatur, das die Ordnung der Natur wie der Gesellschaft in Frage stellte. Das Spiel mit Widersinnigem schloss Satire und Sozialkritik mit ein.

Holländische Genremalerei

Der Begriff der Genremalerei entstammt der französischen Kunsttheorie des späteren 18. Jahrhunderts und bezeichnet die Wiedergabe von Szenen des alltäglichen Lebens. Genredarstellungen gab es freilich schon früher, eingebettet in religiöse oder höfische Themen oder als moralkritischer Verweis. Doch erst Pieter Brueghel verschaffte mit seiner Schilderung des Bauernlebens der Genremalerei Selbständigkeit. Im Barockzeitalter knüpften vor allem die Holländer an diese Entwicklung an und schufen eine Vielzahl unterschiedlicher Sittenbilder, Gesellschaften, Kneipen-

und Bordellszenen, die in der bürgerlichen Gesellschaft reißenden Absatz fanden. Von der klassizistischen Kunsttheorie als vulgär verachtet, erkennt man erst heute wieder den komplexen Sinngehalt dieser Bilder: Hinter den belanglosen, derben oder sinnenfrohen Szenen verbergen sich allegorische, moralische oder gar obszöne Botschaften, die das Publikum ergötzten.

Jan Steen (1626–79), Maler und Brauereibesitzer, war ein Meister dieser Verschlüsselungen. Seine detailreichen, ironischen Fest-, Liebes- und Trinkszenen sind voller Andeutungen und Anspielungen auf Sprichwörter und Embleme. In der *Verkehrten Welt*, einem beliebten Rollenspiel, das sich mit Fragen nach dem Sinn des Lebens und der Gültigkeit bestehender Werte beschäftigt, erkennt man ein Wein trinkendes Liebespaar, das von zahlreichen ein- bzw. doppeldeutigen Motiven umgeben ist (1663; Abb. S. 240 unten).

Pieter de Hooch (1629–84) spezialisierte sich auf häusliche Szenen, die in Delfter Zimmern oder Höfen spielen und in warmen Rot- und Brauntönen wiedergegeben werden (Abb. S. 240 oben).

Im Werke Jan Vermeers (1632–75) erreicht die holländische Genremalerei ihren Höhepunkt. Auch Vermeer bevorzugt das Interieur, die Innenraumdarstellung, um seinen stillen Charakterfiguren den atmosphärischen Rahmen zu geben (Abb. unten). Fast immer fließt helles Licht durch ein Fenster auf der linken Seite und durchdringt modellierend die sorgfältigst gemalten Oberflächen. Die Akribie des Farbauftrags verbindet Vermeer mit Gerard Dou, dem Begründer der Leidener Feinmalerei, der zu emailähnlichen Wirkungen gelangte. Vermeer schuf vergleichsweise wenige Gemälde – zwischen 40 und 60 –, die ihm gleichwohl immensen Ruhm sicherten.

Jan Vermeer,
Das Glas Wein, um 1660/61, Öl auf Leinwand, 65 x 77 cm, Berlin, Staatliche Museen zu Berlin – Preußischer Kulturbesitz, Gemäldegalerie

Die beschauliche Stimmung trügt. Der Betrachter ist Zeuge eines Verführungsversuches: Der Kavalier ist im Begriff, der Frau Wein nachzuschenken. Wie zufällig eingestreute Motive, etwa die Laute als Symbol leichtfertigen Lebenswandels oder die Wappenscheibe mit der Figur der Temperantia, der Mäßigung, erhellen den eigentlichen Sinn der Darstellung.

Das Stillleben

Ähnlich wie die Bezeichnung Genremalerei ist auch das Stillleben als Gattungsbegriff im frühen 17. Jahrhundert noch nicht geläufig. Stattdessen sprach man unter anderem von Küchen-, Blumen-, Fisch- oder Früchtestücken, ebenso wie vom *banketje* (Bankettbild) oder *ontbijtje*, dem Frühstücksbild. 1650 tauchte erstmals ein *still-leven* in einem holländischen Inventar auf, Beleg dafür, dass die Maler Objekte nach dem (unbewegten) Modell abgebildet hatten.

Schon in der Antike beanspruchte das Stillleben besondere kunsttheoretische Bedeutung, galt es doch, die Dinge so echt wiederzugeben, dass sie die Sinne zu täuschen vermochten; die Fabel von den Trauben des Zeuxis, an denen die Vögel pickten, und dem Vorhang des Parrhasios illustriert diesen Gedanken.

Die holländischen Maler und ihre Auftraggeber erfreuten sich gleichermaßen am Spiel mit der Wahrnehmung und am ästhetischen Reiz delikater Speisen und Preziosen. Die Jagdstillleben des Willem van Aelst (Abb. links) und die Prunkstillleben des Willem Kalf gehören gleichermaßen zu den Meisterwerken dieser Gattung, die um die Mitte des 17. Jahrhunderts entstanden. Das *Stilleben mit chinesischer Porzellandose* präsentiert die Kostbarkeiten einer gehobenen Lebensführung in nicht minder luxuriöser Aufmachung: Die Zerbrechlichkeit des Porzellans mit plastischem Figurenschmuck, das schimmernde Glas des Römers, die genarbte Schale des Obstes, der kunstvoll drapierte Orientteppich vermögen den Betrachter vollkommen zu täuschen (Abb. S. 243).

Doch auch im Stillleben verbirgt sich hinter dem schönen Schein ein tieferer, meist tragischer Sinn: So brüchig, wie das Porzellan in Kalfs Stillleben ist, sind auch alle anderen Kostbarkeiten der Vergänglichkeit des Seins unterworfen: Die Rose verblüht, das Glas zerspringt, die Speisen verderben oder werden verzehrt. In den Vanitas-Bildern eines Pieter Claesz oder Juan de Valdés Leal erfährt dieser Gedanke seine deutlichste Ausformung (s. S. 202/03).

Willem van Aelst,
Jagdstillleben, 1668,
Öl auf Leinwand, 68 x 54 cm,
Karlsruhe, Kunsthalle

Willem Kalf, Stillleben mit chinesischer Porzellandose, 1662, Öl auf Leinwand, 64 x 53 cm, Berlin, Staatliche Museen zu Berlin – Preußischer Kulturbesitz

Rechts: **Georg Flegel,** Schrankbild mit Blumen, Obst und Pokalen, um 1610, Öl auf Leinwand, 92 x 62 cm, Prag, Nationalgalerie

S. 245: **Johann Liss,** Die Inspiration des hl. Hieronymus, 1627, Öl auf Leinwand, 225 x 175 cm, Venedig, S. Niccolò dei Tolentini

Unten: **Adam Elsheimer,** Die Flucht nach Ägypten, 1609, Öl auf Kupfer, 31 x 41 cm, München, Alte Pinakothek

Deutsche Barockmalerei

Die deutsche Malerei des 17. Jahrhunderts vermittelt ein sehr uneinheitliches Bild. Das vom 30-jährigen Krieg und dessen Folgen erschütterte Reich konnte Künstlern kaum Erwerb eröffnen; nur in einzelnen Städten fanden sich kunstsinnige und zahlungskräftige Auftraggeber. Zumindest in der ersten Jahrhunderthälfte suchten daher viele Maler ihr Glück in den Nachbarländern, in Holland, Flandern, am Prager Hof, in Rom.

Zu ihnen zählt der Frankfurter Adam Elsheimer (1578–1610), der

über Venedig nach Rom ging und dort mit kleinen, auf Kupfertafeln gemalten Kabinettbildern reüssierte. In seinen exquisiten Landschaften verbinden sich Eindrücke der Donauschule, der Werke Tizians, Tintorettos und Veroneses mit den aktuellen frühbarocken Tendenzen römischer Künstler. Elsheimers kleines Œuvre – kaum mehr als 30 Gemälde – übte seinerseits großen Einfluss auf die folgenden Generationen aus. Die *Flucht nach Ägypten* galt schon den Zeitgenossen als einzigartig: Elsheimer versetzte die biblische Episode in eine nächtliche Wald- und Wasserlandschaft, die nur spärlich durch den weiten Sternenhimmel und den sich spiegelnden Mond beleuchtet wird (1609; Abb. S. 244 unten). Strahlen eines warmen Streiflichts gehen dagegen von einem Hirtenfeuer aus. Sie treffen die Heilige Familie, die im Schutz der Dunkelheit vorüberzieht. Nie zuvor sind anrührende Erzählung, poetische Landschaftsschilderung und intime Stimmung derart miteinander verschmolzen worden.

Die Werke des Johann Liss sprechen eine kräftigere Sprache: Der gebürtige Holsteiner (geb. um 1597), der 1629 in Venedig an der Pest starb, verbrachte die meiste Zeit seines kurzen Lebens auf Reisen. Studien in Holland folgten Aufträge in Antwerpen, danach Aufenthalte in Paris, Rom und Venedig. Den vielfältigen Anregungen dieser Wanderschaft entsprechend, beherrschte Liss die Genremalerei Haarlems, die temperamentvolle Malweise Jordaens', das Helldunkel der Caravaggisten. Von seinen Erfahrungen in Venedig zeugt die *Inspiration des hl. Hieronymus,* die die Farbmalerei des 16. Jahrhunderts aufnimmt und weiterentwickelt (1627; Abb. oben). Die Pastelltöne seiner Palette weisen auf das Rokoko voraus.

Das Genre des Stilllebens wird in Deutschland durch Georg Flegel vertreten, der sich nach einer Ausbildung bei L. van Valckenborch in Frankfurt niederließ und sich als einer der Ersten auf Mahlzeitsbilder und Blumenstücke spezialisierte. Das um 1610 gemalte *Schrankbild mit Blumen, Obst und Pokalen* vertritt einen Stilllebentypus, der, seiner vermeintlich plastischen Rahmung wegen, die Sinne noch listiger zu täuschen sucht (Abb. S. 244 oben).

Erwähnt sei schließlich noch der Maler und Kunstkenner Joachim von Sandrart, der in seiner »Teutschen Academie ...« die Werke seiner Zeitgenossen festhielt und so den Grundstock für die deutsche Kunstgeschichtsschreibung legte.

Englische Rokokomalerei

Thomas Gainsborough,
Robert Andrews und seine Frau Mary in einer Landschaft, 1748, Öl auf Leinwand, 70 x 119 cm, London, National Gallery

Sir Joshua Reynolds,
Selbstporträt, 1775, Öl auf Leinwand, 76 x 63 cm, Florenz, Uffizien

Bestimmten im 17. und zu Beginn des 18. Jahrhunderts ausländische Künstler die englische Malerei – man denke an den Flamen Anthonis van Dyck, den Holländer Peter Lely und den Deutschen Gottfried Kneller, so setzte mit William Hogarth der Höhenflug einer neuen koloristischen, dabei aber scharf charakterisierenden Kunst ein, die im Porträt ihren schönsten Ausdruck fand.

William Hogarth (1697–1764), begabter Maler, Kupferstecher und Radierer, erzielte mit seinen moralisierenden Zyklen beispiellose Erfolge; in der sechsteiligen Serie *Marriage à-la-mode* stellte er die Sitten des Adels an den Pran-

William Hogarth, Kurz nach der Hochzeit, 1744, aus der Serie »Marriage à-la-mode«, Öl auf Leinwand, 69 x 89 cm, London, National Gallery

Die sechsteilige Bildserie, eine drastische Mischung aus Satire und Moralpredigt, persifliert die Sitten des englischen Adels. Die Serie erlaubte es dem Künstler, das Thema dramatisch zu entwickeln: Vom Ehevertrag ausgehend, steuert das Geschehen unweigerlich auf Duell und Tod des Grafen und den Selbstmord der Gräfin zu. Diese und andere Bilderreihen, die durch Stiche verbreitet wurden, sicherten Hogarths Popularität.

ger (1744; Abb. oben). Nach seinen Gemälden entstanden Stichfolgen, die so häufig kopiert wurden, dass sich der Künstler vor Plagiaten schützen musste. Auch andere Arbeiten wie das Gruppenporträt *Hogarths Dienerschaft* oder das *Selbstbildnis mit Mops* belegen seinen ungewöhnlichen Sinn für Sozialkritik und Satire, der so nur im merkantilistischen England des 18. Jahrhunderts denkbar war. Mit diesen Werken avancierte Hogarth zum Vorreiter einer antiklassischen und antiakademischen Kunst.

Die Welt des eine Generation jüngeren Sir Joshua Reynolds (1723–92) war eine ganz andere: Reynolds schuf eine Vielzahl distinguierter Porträts englischer Aristokraten, die er in barocken Posen festhielt und mit Elementen der Historienmalerei ausstaffierte. Der klassizistischen Phase der 70er Jahre entstammt das Selbstporträt in den Uffizien (Abb. S. 246 unten). Sein idealisierender, epischer Stil beherrschte als »grand manner« oder »great historical style« über Jahrzehnte die Royal Academy, der er seit ihrer Gründung 1768 vorstand.

Thomas Gainsborough wurde 1727 in Sudburry, Suffolk, als Sohn eines Wollfabrikanten geboren. Die frühe Tätigkeit als Kopierer holländischer Landschaften und die Kenntnis französischer Schäferidyllen prägten seine Kunst und prädestinierten ihn zum Maler der vornehmen Gesellschaft. Zwischen 1759 und 1774 hielt er sich vorwiegend in dem mondänen Badeort Bath auf, wo er seine Klientel in lässig-eleganter Weise porträtierte. Von großer Bedeutung für die Entwicklung der Landschaftsmalerei sind Gainsboroughs *plein-air* gemalte Ganzfigurenporträts, so *Robert Andrews und seine Frau Mary in einer Landschaft* (1748; Abb. S. 246 oben), das vermutlich als Hochzeitsbild entstand. Der als Jäger ausgewiesene Gatte lehnt, von seinem Hund begleitet, an einem Baum, unter dem sich seine Frau repräsentativ niedergelassen hat. Wirken die Mienen der beiden auch gespannt, so überrascht die Spontaneität der weiten Sommerlandschaft. Ihr sanftes Grüngelb harmoniert mit dem perlmuttschimmernden Weiß des Wamses und dem lichtblauen Kleid der jungen Frau. Es sei das schönste Bild der englischen Malerei, urteilten die Kritiker.

Glossar

Ädikula Wandnische mit architektonischer Rahmung, häufig zur Aufstellung von Statuen.

Appartment Zimmerflucht im Schloss- und im bürgerlichen Wohnbau.

Apsis Halbkreisförmige oder polygone Raumerweiterung, im Sakralbau (meist) östlicher Abschluss des Chors.

Architrav Waagerechter Steinbalken über Säulen, trägt im klassischen Gebälk Fries und Gesims.

Archivolte Bogenlauf und vom Mauerwerk abgesetzte Einfassung eines Rundbogens.

Arkade Bogen über Säulen oder Pfeilern, auch Folge von Bögen.

Attika Wandfläche über dem Hauptgesims eines Bauwerks; kann als niedriges Geschoss ausgebildet sein.

Basilika Ursprünglich römische Markt- oder Gerichtshalle, in der christlichen Architektur mehrschiffiger Raum mit belichtetem und erhöhtem Obergaden.

Basis Profilierter Fuß einer Säule oder eines Pfeilers, der vom Schaft zur Fußplatte (Plinthe) überleitet.

Chor In der christlichen Kunst Stätte für das Gebet der Geistlichen, meist auch Standort des Altars. Im Kirchenbau Bezeichnung für den Raum hinter der Vierung.

Communs Nebengebäude des französischen Schlosses.

Corps de logis Im französischen Schlossbau Bezeichnung für Hauptgebäude mit herrschaftlichen Wohnräumen.

Cour d'honneur Von Flügelbauten umschlossener Ehrenhof des barocken Schlosses.

Dreiflügelanlage Grundform des barocken Schlosses mit Corps de Logis und Seitenflügeln, die die Cour d'honneur umschließen.

Eierstab Zierleiste mit eiförmigen und pfeilspitzenartigen Elementen.

Emblem Sinnbild aus drei Elementen 1. dem Ikon (einem allegorischen Bild), 2. dem Lemma (Überschrift), 3. der Subscriptio (Unterschrift).

Empore Galerieähnlicher Einbau im Kircheninneren; dient zur Absonderung bestimmter Gruppen (Hofstaat, Frauen) während des Gottesdienstes.

Eremitage Einsiedeleien nachempfundene Gartenschlösschen im Barockzeitalter.

Erker Auskragender, überdachter Anbau.

Exedra Halbkreisförmige Erweiterung eines Baus.

Freitreppe Offene Treppe an der Fassade eines Gebäudes.

Fries Schmaler, häufig ornamentierter Streifen; im griechischen Tempel Teil des Gebälks.

Galerie Ursprünglich überdachter, seitlich geöffneter Gang; im Schlossbau langgestreckter Saal, Unterbringungsort von Sammlungen.

Gaube Dachfenster.

Gebälk Balkensystem zwischen Mauer und Dach, in der klassischen Architektur aus Architrav, Fries und Gesims bestehend.

Gesims Horizontales, plastisches Gliederungselement in der Architektur.

Giebel Meist repräsentativer vorderer Abschluss eines Satteldachs, Fensters oder einer Ädikula. Das Giebelfeld (Tympanon) trägt häufig skulpturalen Schmuck.

Gurtbogen Quer zur Längsachse eines Gewölbes verlaufender Stützbogen.

Hallenchor Mehrschiffiger Chor mit gleicher Gewölbehöhe.

Hallenkirche Kirchenanlage mit Schiffen gleicher Höhe.

Helm Turmbedachung.

Hôtel Bezeichnung für die Stadtpaläste des Adels.

Interkolumnium Abstand zwischen zwei Säulen, gemessen von Säulenachse zu Säulenachse.

Joch Gewölbter Raumabschnitt.

Kämpfer Ansatz eines Bogens oder Gewölbes; häufig in Verbindung mit einem Kapitell.

Kalotte Kugelabschnitt, Bezeichnung für Kuppelwölbung.

Kanneluren Senkrechte Rillen im Schaft einer Säule oder eines Pilasters.

Kapelle Kleiner Sakralraum, kann frei stehend oder Teil eines Kirchengebäudes sein.

Kapitell Plastisch ausgestaltetes Kopfstück einer Stütze, vermittelt zwischen Stütze und Last.

Kassettendecke Aus der römischen Antike stammende Dekorationsform eines gewölbten oder flach geschlossenen Innenraums; besteht aus reich profilierten und ornamentierten kastenartigen Feldern.

Kastell Ursprünglich römisches Lager, später Wehrbau.

Kathedrale Bischofskirche, in Deutschland oft auch Dom oder Münster genannt.

Kehle, Hohlkehle Konkaves Profil eines Gesimses.

Kloster Seit dem frühen Christentum Sitz der Mönchsgemeinschaft. Zum Klosterkomplex gehören die Kirche, der offene Hof (Kreuzgang), der Versammlungsraum der Mönche (Kapitelsaal), der Speisesaal (Refektorium), der Schlafsaal (Dormitorium) und weitere Nutzbauten.

Kolonnade Folge von Säulen mit Architrav.

Kolossalordnung Säulen- oder Pilasterordnung, die mehrere Geschosse zusammenfasst.

Konche Halbrunde Apsis.

Konsole Vorkragendes Tragelement.

Kranzgesims Hauptgesims der Fassade, unter dem Dachansatz.

Kreuzgang Offener rechteckiger Hof eines Konvents, um den sich die Kirche und die Klostergebäude gruppieren.

Krypta Unter der Kirche gelegener Kultraum.

Laibung Gewände einer Maueröffnung.

Langhaus Hauptteil der Kirche, von der Fassade bis zur Vierung.

Laterne Lichtführender Aufsatz einer Kuppel.

Lettner Im Kircheninneren Abschlusswand zwischen Mönchschor und Laienraum, auch Lese- oder Sängerbühne.

Lisene Vertikales Mauerband, im Gegensatz zum Pilaster ohne Basis und Kapitell.

Loge Zum Innenraum geöffnete Empore, vor allem im Theaterbau.

Loggia Bogengang oder offene Bogenhalle, ebenerdig oder im Obergeschoss eines Baus gelegen.

Lunette Bogenfeld über Türen und Fenstern

Lustschloss Seit der Renaissance Schlösschen in reizvoller Umgebung, das zu entspannenden Vergnügungen dient.

Mansarddach Nach dem französischen Architekten Jules Hardouin-Mansart benannte Dachform aus kombinierten, unterschiedlich ansteigenden Dachflächen.

Mausoleum Ursprünglich Grabmal des Königs Mausolos von Halikarnass (vollendet 353 v. Chr.), danach Bezeichnung für monumentale Grabbauten.

Mezzanin Zwischengeschoss.

Monolith Säule, Pfeiler oder Bauwerk aus einem einzigen Stein.

Narthex Vorhalle der Kirche.

Obergaden Durchfensterte obere Wand des Mittelschiffs einer Basilika.

Oculus Runde Fensteröffnung.

Oktogon Achteckiger Bau oder Grundriss.

Orangerie Seit dem Barock ebenerdiges, langgestrecktes Gewächshaus, meist mit Fenstertüren.

Oratorium Empore im Chor eines Sakralbaus, auch Hauskapelle.

Ornament Schmuckform geometrischer oder figürlicher Art.

Palast Ursprünglich feudaler Wohnsitz, später auch auf monumentale, bürgerliche Bauaufgaben angewendet.

Pavillon Kleiner, frei stehender Bau innerhalb eines Schlosskomplexes oder Seitenflügel des Barockbaus, der durch ein eigenes Dach hervorgehoben ist.

Pendentif Gewölbezwickel; dient zur Vermittlung zwischen viereckigem Grundriss und rundem Kuppelansatz.

Pergola Rankgerüst, auch offener Laubengang.

Pfeiler Mauerstütze ohne Entasis (Schwellung) der antiken Säule, kann jedoch Basis und Kapitell haben; nach Lage und Art des Pfeilers wird in Wandpfeiler (Pilaster), Eckpfeiler, Doppelpfeiler u. v. m. unterschieden.

Pilaster Wandpfeiler mit Basis und Kapitell.

Polychrom Vielfarbig.

Polygon Vieleck.

Portikus Von Säulen getragene Vorhalle.

Propyläen Seit der Antike Torbauten eines Tempelbezirks.

Pylon Torbau eines ägyptischen Tempels mit massiven, geböschten Flankentürmen.

Querhaus, auch **Querschiff, Transept** Quer zum Langhaus liegender ein- oder mehrschiffiger Bauteil einer Kirche. Der Kreuzungspunkt von Mittel- und Querschiff wird als Vierung besonders hervorgehoben.

Refektorium Speisesaal eines Klosters.

Rippe Konstruktionsteil eines gotischen Gewölbes; Skelett, über dem die nichttragenden Füllungen aufgemauert sind.

Risalit Besonders akzentuierter, vor die Mauerflucht heraustretender Baukörper.

Rocaille Muschelähnliches Dekorationselement des Spätbarock.

Rose Mit Maßwerk gefülltes gotisches Rundfenster.

Rotunde Zentralbau mit kreisförmigem Grundriss.

Rustika Mauerwerk mit teils in der Bosse stehen gelassenen Steinen. Seit der italienischen Renaissance als Stilmittel im Palastbau eingesetzt.

Saalkirche Einschiffiger, nicht unterteilter Innenraum eines Sakralbaus.

Sakristei Nebenraum der Kirche, zum Ankleiden des Priesters oder zur Aufbewahrung liturgischer Geräte.

Sanktuarium Heiligster Raum der Kirche, im allgemeinen Chor mit Hochaltar.

Säule Stützglied mit kreisförmigem Durchschnitt, besteht aus Basis, Säulenschaft mit Entasis (Schwellung) und Kapitell.

Säulenordnung Proportionierung und Ausgestaltung der klassischen Säule (Basis, Schaft, Kapitell) sowie des Gebälks; im Barock werden die fünf in der Antike gebräuchlichen Ordnungen (dorisch, toskanisch, ionisch, korinthisch, komposit) durch neue Ordnungen erweitert.

Schiff Längs- oder quergerichteter Innenraum der Kirche, durch Stützen in Mittel- und Seitenschiff unterschieden.

Schloss Ursprünglich der Verteidigung, später der Repräsentation dienender Wohnsitz eines Souveräns.

Schwibbogen Waagrecht gespannter Bogen zwischen zwei Mauern.

Stichkappe Tonnenförmiges Gewölbe, das senkrecht in die Achse des Hauptgewölbes einschneidet.

Tambour Zylindrischer oder polygonaler Unterbau der Kuppel.

Treppe Stufenfolge, nach Ausformung in »Läufe« (Richtungen) und Arme (Verzweigungen) unterschieden.

Triforium Ursprünglich »Dreibogenöffnung«, zum Mittelschiff eines Kirchenbaus geöffneter Laufgang zwischen Arkaden oder Emporen und Obergaden.

Triumphbogen In der Antike monumentaler Ehrenbogen für einen Kaiser oder eine Schlacht; in der christlichen Kirche Bogen zwischen Langhaus oder Chor und Vierung.

Tympanon Giebelfeld im antiken Tempelbau und davon abgeleiteten Stilformen; meist skulptural geschmückt.

Verkröpfung Um Mauervorsprünge herumlaufende horizontale Gliederung.

Vierung Im Kirchenbau Schnittpunkt von Lang- und Querhaus; oft architektonisch herausgehoben.

Voluten Schneckenförmiges Zierglied an Säulen oder Giebeln.

Vorlage Der Wand vorgelegte Mauerverstärkung in Form eines Dienstes, Pilasters oder einer Lisene.

Zentralbau Runder, polygonaler oder über gleichlangen Kreuzarmen errichteter Bau.

Zwerchhaus Dachhäuschen mit Giebel.

Zwinger Bereich zwischen Vor- und Hauptmauer einer Befestigung.

Bibliographie

Überblickswerke zur Kunst und Kultur des Barock und des Rokoko

The Age of Caravaggio. Ausstellungskatalog, New York 1985

Alewyn, Richard: Das große Welttheater. Die Epoche der höfischen Feste, München 1989

Alpers, Svetlana: Kunst als Beschreibung. Holländische Malerei des 17. Jahrhunderts, Köln 1985

Bauer, Hermann: Barock. Kunst einer Epoche, Berlin 1992

Bauer, Hermann, Sedlmayr, Hans: Rokoko, Köln 1991

Blunt, Anthony: Art and Architecture in France 1500 to 1700, Harmondsworth 1953

Blunt, Anthony (Hg.): Baroque and Rococo. Architecture and Decoration, London 1978, dt. Ausgabe: Kunst und Kultur des Barock und Rokoko, Freiburg 1979

Braunfels, Wolfgang: Abendländische Stadtbaukunst, Köln 1977

Brinckmann, A. E.: Barockskulptur. Entwicklungsgeschichte der Skulptur in den romanischen und germanischen Ländern seit Michelangelo bis ins 18. Jahrhundert, 2 Bde., Berlin [1919/20]

Brown, Jonathan: The Golden Age of Painting in Spain, New Haven, London 1991

Brucher, Günter (Hg.). Die Kunst des Barock in Österreich, Salzburg, Wien 1994

Burke, Peter: Ludwig XIV. Die Inszenierung des Sonnenkönigs, Frankfurt a. M. 1995

Dinzelbacher, Peter (Hg.): Europäische Mentalitätsgeschichte, Stuttgart 1993

Elias, Norbert: Die höfische Gesellschaft, Neuwied, Berlin 1969

França, José-Augusto u.a.: Arte portuguesa (SUMMA ARTIS Bd. XXX), Madrid 1986

Fuchs, Rudi: Dutch Painting, London 1984

Gerson, H. und Ter Kuile, E. H.: Art and Architecture in Belgium 1600–1800, Harmondsworth 1960

Grimm, Claus: Stilleben. Die niederländischen und deutschen Meister, Stuttgart, Zürich 1988

Haak, Bob: Das Goldene Zeitalter der holländischen Malerei, Köln 1996

Hansmann, Wilfried: Gartenkunst der Renaissance und des Barock, Köln 1983

Hansmann, Wilfried: Barock: Deutsche Baukunst 1600–1760, Leipzig 1997

Haskell, Francis: Maler und Auftraggeber. Kunst und Gesellschaft im italienischen Barock, Köln 1996

Hernández Diaz, J. u. a.: La escultura y la Arquitectura españolas del siglo XVII (SUMMA ARTIS Bd. XXVI, Madrid 1982

Hubala, Erich: Barock und Rokoko, Stuttgart 1971

Hubala, Erich: Die Kunst des 17. Jahrhunderts (Propyläen-Kunstgeschichte Bd.9), Berlin 1972

Kaufmann, Emil: Architecture in the Age of Reason, Harvard 1955

Keller, Harald: Die Kunst des 18. Jahrhunderts (Propyläen-Kunstgeschichte Bd. 10), Berlin 1971

Krins, Hubert: Barock in Süddeutschland, Stuttgart 2001

Kruft, Hanno-Walter: Geschichte der Architekturtheorie, München 1991

Kubler, George und Soria, M.: Art and Architecture in Spain and Portugal and their American Dominions 1500–1800, Harmondsworth 1959

Lavin, Irving: Bernini and the Unity of Visual Arts, 2 Bde., New York, London 1980

Lieb, Norbert: Barockkirchen zwischen Donau und Alpen (6. Aufl.), München 1992

Lieb, Norbert: Die Vorarlberger Barockbaumeister, München, Zürich 1976

Millon, Henry A. (Hg.): I Trionfi del Barocco. Architettura in Europa 1600–1750, Ausst.-Kat., Venedig 1999

Norberg-Schulz, Christian: Barock (Weltgeschichte der Architektur), Stuttgart 1986

Norberg-Schulz, Christian: Spätbarock und Rokoko (Weltgeschichte der Architektur), Stuttgart 1985

Pears, Iain: The Discovery of Painting – The Growth of Interest in the Arts in England 1680–1768, New Haven, London 1988

Pérouse de Montclos, Jean-Marie: Histoire de l'Architecture française de la Renaissance à la Révolution, Paris 1995

Pevsner, Nikolaus: Academies of Art, Past and Present, Cambridge 1940

Pignatti: Rokoko, München 1975

Pope-Hennessy, John: Italian High Renaissance and Baroque Sculpture, New York 1985

Prater, Andreas und Bauer, Hermann: Malerei des Barock, Köln 1997

Rosenberg, Jakob u. a.: Dutch art and architecture 1600 to 1800, Harmondsworth 1966

Schneider, Norbert: Porträtmalerei. Hauptwerke europäischer Bildniskunst 1420–1670, Köln, 1994

Schneider, Norbert: Stilleben. Realität und Symbolik der Dinge. Die Stillebenmalerei der frühen Neuzeit, Köln 1994

Schönberger, Arno: Deutsche Plastik des Barock, Königstein im Taunus 1963

Stamm, R. (Hg.), Die Kunstformen des Barockzeitalters, München 1956

Stechow, Wolfgang: Dutch Landscape Painting of the Seventeenth Century, Oxford 1981

Summerson, John: Architecture in Britain 1530–1830, Yale 1993

Sutton, Peter C.: Von Frans Hals bis Vermeer, Meisterwerke holländischer Genremalerei, Ausst.-Kat. SMPK Berlin, Berlin 1984

Tintelnot, Heinrich: Barocktheater und barocke Kunst, Berlin 1939

von Niebelschütz, Wolf: Über das Barock und Rokoko, Frankfurt a. M. 1981

Weisbach, Werner: Der Barock als Kunst der Gegenreformation, Berlin 1921

Wittkower, Rudolf: Art and Architecture in Italy 1600–1750, Harmondsworth 1990

Wölfflin, Heinrich: Renaissance und Barock. Eine Untersuchung über Wesen und Entstehung des Barockstils in Italien, Basel 1888

Zürcher, R.: Rokokoschlösser, München 1977

Personenregister

Ortsregister